Eduard Nagel

ICH BLEIBE
Weil die Kirche auch meine Kirche ist

Zum Umschlagbild: Im äußersten Westen Europas, am Ende der Welt, wo oft Stürme toben und Wellen am Felsen brechen, ragt ein Kreuz gegen den Himmel, von dem Joseph von Arimathäa und Nathanel den Leichnam des Gekreuzigten abnehmen. Wer am frühen Morgen davor steht, sieht, wie dahinter die Sonne aufgeht. Ein Ende und ein Neubeginn.

Eduard Nagel

ICH BLEIBE

Weil die Kirche auch meine Kirche ist

Rediroma-Verlag

Bibliografische Information der Deutschen Nationalbibliothek:
Die Deutsche Nationalbibliothek verzeichnet diese Publikation in der Deutschen Nationalbibliografie; detaillierte bibliografische Daten sind im Internet über http://portal.dnb.de abrufbar.

ISBN 978-3-98885-012-6

www.rediroma-verlag.de
8,95 Euro (D)

Inhalt

Vorwort

Es sind viele, die heute aus der Kirche austreten. Anlass dazu gibt es genug. Missbrauch, Skandale, Vertuschung, Verweigerung, sich Fakten zu stellen – all das erzeugt nur mehr Überdruss. Die Fälle nehmen kein Ende. Selbst ein Bischof hat in seinem Fastenhirtenbrief 2022 die Frage gestellt: „Warum trete ich, ich N. N., nicht aus der Kirche aus?“ Ich habe ihm geschrieben. Dabei habe ich nicht auf das naheliegende Zitat im Lukasevangelium verwiesen: „Was soll ich jetzt tun? Zu schwerer Arbeit tauge ich nicht, und zu betteln schäme ich mich“ (Lk 16,3), sondern: „Weil die katholische Kirche auch meine Kirche ist, will ich sie nicht denen überlassen, die dabei sind, sie gegen die Wand zu fahren.“

Mir selbst musste ich nun allerdings die Frage stellen: Ja, was tue ich denn tatsächlich für diese meine Kirche? Damit etwas sichtbar, hörbar wird von dem, was sie von ihrem Wesen her ist – „Reich Gottes“, bleibende lebendige Präsenz des wirkmächtigen, heilenden Wortes Gottes, Gestalt geworden in dem Lehrer Jesus, dem Christus und Heiland?

So muss ich erzählen von meinem Leben in und mit dieser Kirche. Und warum ich trotz Enttäuschungen und Skandalen und trotz persönlicher Verletzungen – oder gerade deswegen – bleibe. Weil meine Biographie eine Heilsgeschichte ist.

Eingebettet in den Wandel von Welt, Gesellschaft und Kirche in acht Jahrzehnten.

Austreten oder bleiben – es geht um eine Entscheidung, nicht um einen Austausch von Argumenten, die für das Eine oder das Andere sprechen. Es geht um mich, ob ich meinen weiteren Weg in und mit der Kirche gehe. Oder ohne sie.

So erzähle ich einfach Geschichten aus meiner Erinnerung – von Erfahrungen mit und in der Kirche, von Wundern und Wunden und von dem, was daraus für mich folgt.

So ist in der Zeit von Ostern bis Pfingsten 2023 dieses kleine Buch entstanden.

Vorneweg eine Information: Ich bin ein laisierter Priester. Seit 50 Jahren verheiratet, zwei Töchter, drei Enkelkinder. Glücklich.

Ein frommes Kind in einer heilen Welt

„Normal katholisch"

Meine frühesten Erinnerungen außerhalb des unmittelbar familiären Bereichs sind außer den gegen Ende des Zweiten Weltkriegs über uns hinweg brummenden Bombern, die Friedrichshafen ansteuerten und dort ihre Last abwarfen, und den bald danach bei uns einmarschierenden französischen Besatzungssoldaten liturgischer Natur. Eigentlich erstaunlich, denn unsere Familie war nicht überdurchschnittlich fromm. Zwar war mein Großvater – wir lebten als Familie zusammen mit unseren Großeltern in deren Haus – Mitbegründer eines Kirchenchors und begeisterter Sänger. Aber sonst waren wir „normal" katholisch: Messbesuch am Sonntag, Tischgebet vor dem Mittagessen mit einem Vaterunser, einem Gegrüßet seist du, Maria und einem Ehre sei dem Vater – während bei den Nachbarn nach dem Essen noch diverse weitere Vaterunser für alle möglichen verstorbenen Vorfahren und Verwandten üblich waren. Dazu das Nachtgebet mit uns kleinen Kindern.

Doch früh schon faszinierte mich, was in der Kirche geschah. Die Liturgie war damals, in den späten 1940-er und den 1950er-Jahren des 20. Jahrhunderts, das, was der Priester vollzieht. Ein Schauspiel, das der Priester, begleitet von Ministranten, aufführt, als ganzer Vorgang irgendwie verständlich, im Wortlaut nicht. Die Gemeinde war das „Volk“, Zuschauer. Für das Wesentliche, die „Gültigkeit“, war sie Nebensache, letztlich überflüssig.

Auch wenn es oft lange dauerte, die Knie schmerzten und das meiste unverständlich war – an dem Spiel der Ministranten teilzunehmen lockte. Die Eltern sagten Nein, weil für die Mutter das für diesen Dienst erforderliche Aufstehen um Viertel nach Fünf angesichts meiner jüngeren Geschwister wirklich unzumutbar war. Alles Drängen – „Ich kann allein aufstehen“ – half erst, als ich neun war.

Ein Leben, das größer ist als der Alltag

Ministrant zu sein, hieß für uns – außer dem eigentlichen Dienst: Jeden Samstag eine Stunde Probe – *Introibo ad altare Dei, Confiteor* und *Suscipiat*, es hieß – unser Kaplan war bei der deutschen Wehrmacht gewesen – Exerzieren, bis, etwa an hohen Feiertagen, 41 Ministranten die Kniebeuge exakt miteinander machten. Ministrant sein bedeutete: Wochendienst bei der Schulmesse oder bei der 6-Uhrmesse oder bei der Maiandacht, hieß am Gründonnerstagabend ein oder für die Älteren zwei Stunden nächtliche Anbetung, ohne vom Knien einmal aufzustehen, hieß Pünktlichkeit, Verlässlichkeit, hieß Ehrfurcht vor dem Heiligen – hieß Sichberufen/auserwählt-Wissen, Glücklich-Sein im Dienst des großen Gottes. Ministrant-Sein hieß auch, hinter die Kulissen sehen, das Holz in der scheinbaren Marmorsäule entdecken, das Kupfer unterm Gold, den auch schwachen Menschen im Priester.

Die Liturgie – Ort der Erfahrung eines Lebens, das größer und weiter ist als der Alltag. Die Liturgie – Schule und Lehrmeisterin für das Leben.

Der kleine Mensch vor dem großen Gott

Aufgrund meiner kräftigen Stimme wurde ich schon mit elf Jahren „Vorbeter“, wie dieser Dienst damals hieß. Das war einerseits der Dienst des Lektors, der parallel zur Lesung und zum Evangelium, die der Priester am Altar leise lateinisch las, die Texte laut auf Deutsch vortrug. Andererseits war er wirklich Vor-Beter, weil er die Priestergebete ebenfalls übersetzte bzw. zum Mitbeten der ganzen Gemeinde anstimmte. Wenigstens bei der Bet-Singmesse und der Betmesse. Bei der Singmesse bedurfte es seines Dienstes nicht. Da sang man Lieder mit allen Strophen vom Anfang bis die Messe zu Ende war, nur unterbrochen bei der Wandlung, bei der das Geschehen am Altar die ganze Aufmerksamkeit auf sich zog.

In unserer Gemeinde gab es einen festen Wochenrhythmus: Stille Messe – Betmesse – Betsingmesse – Messe mit Rosenkranz – Singmesse – vorgebetete Messandacht, wobei die Reihenfolge häufig unterbrochen wurde von einem Requiem.

Ja, und da war noch die Kommunion: Am Sonntag im Hochamt, bei Begräbnis- und bei Trauungsmessen gab es keine Kommunion; beim Hochamt für die ganz Frommen wohl davor und auch danach. An den Sonntagen wöchentlich wechselnd jeweils die so genannte „Standeskommunion der Jungfrauen, der Jünglinge, der Frauen, der Männer". Freilich durften auch andere zur Kommunion gehen – so sie gebeichtet hatten.

Denn der Standeskommunion entsprach die Standesbeichte der betreffenden Gruppe am Samstag – vier, fünf, sechs Stunden Beichtzeit für jeden Priester, dazu am Sonntagvormittag auch während der Messen. Gebeichtet wurde in der gesamten Kirchengeschichte nie so häufig wie um die Mitte des 20. Jahrhunderts. Der Grund war die Förderung der Kommunion durch Papst Pius X. und die Liturgische Bewegung. Aufgrund der peniblen Moral vor allem bezüglich der Sexualität ging man vor der Kommunion normalerweise beichten. Wer aber da nichts zu beichten hatte, dem wurde die „Andachtsbeichte" empfohlen. So kam es zu dieser Häufigkeit.

Die Liturgie – Ort der persönlichen Frömmigkeit, genährt aus und geübt in Schriftlesungen, Gebet, Gesang, den Texten der Lieder, den liturgischen Gebeten und den Andachten, manchmal etwas seltsam in den Gedankengängen, in manchen Ansprüchen unerreichbar hoch, und doch auch wieder zutiefst barmherzig – der kleine Mensch vor dem großen Gott.

Es waren noch viele „schwarze“ Messen, damals: Sechswochenämter, erstes, zweites, drittes Jahrgedächtnis. War die Messe nicht schwarz, so stammten die Texte meist aus dem Commune der Märtyrer, Bekenner, Jungfrauen mit den immer gleichen Schriftlesungen, die ein braver Messdiener mit der Zeit mehr oder weniger vom Hören her auswendig kannte. Manche gar lateinisch, z.B. im Advent die des Rorate, manche – vom „Vorbeten“ her – deutsch. An den Sonntagen las der Vorbeter bei uns immer die Lesungen des Tages vor, selbst wenn der Priester einen Heiligen zu feiern hatte. Im Lauf der Jahre prägte sich der Text der sonntäglichen Lesungen und Evangelien ein.

Die Liturgie – ein Ort der Verkündigung, der Begegnung mit der Heiligen Schrift – wenn auch in eng begrenzter Auswahl, dafür oft wiederholt –, freilich umgeben von anderen Orten: dem Religionsunterricht mit dem Katechismus, der auswendig zu lernen war, und der „Biblischen Geschichte“ mit ihren Illustrationen, umgeben auch von

Christenlehren, frommen Hausbüchern, Gesprächen, in denen der Herrgott einfach eine Realität war.

Schein und Wirklichkeit

Die alten Erinnerungen können leicht dazu verführen, das Alte zu verklären zu einer heilen Welt! So heil war sie nicht. Darum noch eine letzte Erinnerung: die Reform der Karwochen- und Osterliturgie, die große Liturgiereform Pius‘ XII.

Ich habe noch die Liturgie an Gründonnerstag, Karfreitag und Karsamstag in der Frühe erlebt – mit vier Messdienern, wie an jedem Werktag. Nur waren, weil es allzu lange dauerte, weniger Kinder da als an jedem anderen Werktag während des Schuljahres. Von Erwachsenen ganz zu schweigen – nur die treuesten Frauen nahmen teil.

Der große Gottesdienst war dann am Karsamstagabend die „Auferstehung“ mit dem Heiligen Grab mit seinen farbigen Kugeln und der unter Ächzen aufgezogenen Holzfigur des Auferstandenen, mit Orgelbrausen und Gesang, dass die Wände – und die Herzen – zitterten. Dann die Reform: Da gab es Krach zwischen dem liturgisch bewegten Kaplan und dem Pfarrer, der mehr am Alten hing. Nie sonst hatte man gesehen, dass es da Meinungsverschiedenheiten geben könnte. Jetzt aber hörten wir laute

Worte, selbst in der Sakristei, weil der Pfarrer das „Theater“ nicht mitmachen wollte, das der Kaplan ihm vorgab. Mit über dreißig Ministranten, die alles nur verlängerten!

Laute Worte auch bei uns zuhause, wo der Großvater gerade zu dieser Zeit für die in den dreißiger Jahren erbaute Kirche, die bis dahin kein Heiliges Grab – und damit auch keine Auferstehungsfeier – gehabt hatte, ein solches Grab baute. Das Modell war schon fertig und vom Kirchenrat abgesegnet. Die Teile des Originals waren bereits geschnitten, als es nun plötzlich nicht die ersehnte „Auferstehung“, sondern eine „Osternachtfeier“ geben sollte. Für mich noch immer fast unfassbar ist, dass derselbe Großvater nur wenige Jahre später nicht mehr nur wie bis dahin einmal im Jahr, am Ostertag, zur Kommunion ging, sondern auch schon am Gründonnerstag, in der Osternacht und am Ostersonntag – wofür er, weil damals vor jeder Kommunion üblich, auch zweimal beichten gehen musste.

Die Liturgie – die Spitze des Eisbergs eines neuen, zeitgemäßen Verständnisses und einer neuen, zeitgemäßen Praxis von Glauben und Kirche.

Berufung

Für mich bekam der Ministrantendienst noch eine ganz andere Bedeutung. Wir bekamen vom Kaplan regelmäßig die Zeitschrift „Der Jesusknabe". Herausgegeben von den Steyler Missionaren stellte dieses Medium anschaulich dar, welch glückliche Botschaft die Missionare den Heiden brachten. Ja, das wollte ich werden – Missionar! Inzwischen war ich in der Hauptschule angekommen. Um Missionar zu werden, so las ich im Jesusknaben, musste man zuerst in Bischofshofen im Internat das Gymnasium absolvieren, um anschließend in St. Gabriel in Mödling Theologie zu studieren. Internat, Bischofshofen – mir war klar, damit wären meine Eltern nie einverstanden. Ging es auch anders? Ich schrieb an den Rektor des Internats in Bischofshofen – Postkarte und Porto waren eine Herausforderung an mein Budget – und fragte, ob es wohl auch möglich wäre, im Gymnasium in Bregenz, das für mich als Fahrschüler erreichbar wäre, Matura zu machen und dann in St. Gabriel einzutreten, um Missionar zu werden. Eine Woche später empfing mich fröhlich lachend die Familie, als ich aus der Schule kam: „Hast du irgendwem geschrieben?" Ich wurde rot, stotterte ... „Willst du wirklich aufs Gymnasium? Dann musst du aber fest lernen!" Ich wollte.

Und diente weiter als Ministrant und Oberministrant, bekam vom Kaplan das einbändige „Das Jahr des Heils“ von Pius Parsch geschenkt und sparte lange mein ganzes Taschengeld, um die dreibändige Ausgabe davon zu erwerben.

Und als es um die Berufswahl ging: Jura hätte mich sehr interessiert: Richter, Staatsanwalt oder auch Verteidiger, Technik nicht weniger, Germanistik, Geschichte. Aber es gab keinen Zweifel und kein Zögern: Ich wollte Priester werden. Und zog im Herbst in das Priesterseminar ein.

Sünde und Vergebung

Das Kind lernt beichten

Der Religionsunterricht in der ersten Klasse Grundschule war spannend. Der Pfarrer war ein großartiger Geschichtenerzähler. Bis heute habe ich vom Paradies, von Kain und Abel und der Arche Noah, aber auch von Wundern Jesu Bilder vor Augen, die sich mir damals, illustriert mit Schulwandbildern von Gebhard Fugel, eingeprägt haben. In der zweiten Klasse hatten wir Unterricht beim jungen Kaplan. Bei ihm lernten wir Antworten auf Katechismusfragen. Und beichten.

„In Demut und Reue bekenne ich meine Sünden seit vier Wochen.

1. Beten: Ich habe das Morgen- und Abendgebet ausgelassen. Ich habe unandächtig gebetet.
2. Heilige Namen: Ich habe heilige Namen leichtsinnig ausgesprochen. Ich habe heilige Namen im Zorn ausgesprochen.
3. Heilige Messe: Ich bin in der Kirche unandächtig gewesen. Ich habe in der Kirche geschwätzt und gelacht.
4. Eltern und Vorgesetzte: Ich habe den Eltern nicht gefolgt (gehorcht). Ich habe den Vorgesetzten nicht gefolgt.
5. Streiten: Ich habe gestritten. Ich habe geschlagen.

6. Unkeuschheit: Keine Sünde.
7. Stehlen: Ich habe genascht.
8. Lügen: Ich habe gelogen.
9. Fasten: Keine Sünde.
10. Hauptsünden: Ich bin neidisch und zornig gewesen. Mein Jesus Barmherzigkeit!“

Mit geringfügigen Abweichungen habe ich nach der Erstbeichte und Erstkommunion jahrelang so allmonatlich gebeichtet. Entweder bei der „Schülerbeichte“, zu der wir während der Schulzeit klassenweise geführt wurden, oder – in den Ferien – freiwillig. Unser Kaplan, den ich sehr verehrt habe und dem ich in meiner Entwicklung als Schulkind und Ministrant viel verdanke, war persönlich wohl ein gemäßigter Skrupulant – ein Begriff, den das Korrektursystem meines PC schon nicht mehr kennt, der aber im Internet unter www.gutefrage.net noch definiert wird als „Mensch, der suchtartig bei jeder Kleinigkeit Schuldgefühle entwickelt“. Mit anderen Worten: Er nahm alles sehr genau. Auch die Unterscheidung zwischen „lässlicher Sünde“ und „schwerer Sünde“ oder „Todsünde“, die, sollte man in ihr sterben, unweigerlich zum ewigen Aufenthalt in der Hölle führte. Für Kinder kam dafür vor allem in Frage, dass man freiwillig an einem Sonntag nicht an der Messe teilgenommen hat. Und so gut wie alles im sechsten Gebot, wofür beim Kind am ehesten das Doktor-Spielen in Frage kam.

Kritisch wurde das, wenn man in die Pubertät kam und sich die eigene Sexualität regte und die entsprechende Neugier erwachte. Da war man schnell mit einem Fuß in der Hölle. Wobei sich die sexuelle Aufklärung auf sehr verhaltene Andeutungen beschränkte und das, was heute selbstverständlicher Lehr- und Lernstoff ist, als Pornographie gegolten hätte. Da genügte die monatliche Beichte nicht mehr, war die Kommunion bei der Mitfeier der Sonntagsmesse für Ministranten doch selbstverständlich und hätte ein öffentlicher Verzicht darauf zu entsprechenden Vermutungen geführt.

Zwar hatte der Kaplan gewechselt, doch der neue hatte wie sein Vorgänger beim gleichen Professor Moraltheologie studiert, den auch ich bei meinem Theologiestudium noch hören sollte. Welchen Rang zu der Zeit in der Moraltheologie die Sexualität einnahm, lässt sich erahnen, wenn man weiß, dass es dazu eine eigene Vorlesung *De castitate* – „Über die Keuschheit" gab, die man nicht vor dem achten Semester belegen durfte. Sie fand im kleinsten Hörsaal statt, der ebenerdig lag. Weil die Fenster zum Innenhof des Jesuitenkollegs hinausgingen, wo während dieser Vorlesungen, die im Sommersemester am Nachmittag stattfanden, öfters Scholastiker ihre Runden drehten, wurde darauf geachtet, dass zu Beginn der Vorlesung die Fenster geschlossen waren. Bevor der Professor in einer der ersten Stunden die weiblichen und männlichen Geschlechtsorgane – sehr schematisch – an die Tafel zeichnete, wurden auch die Vorhänge im vorderen Teil des Hörsaals zugezogen. Beim Zeichnen hatte er in der linken Hand den feuchten Schwamm, mit dem er das, was er mit der rechten mit Kreide an die Tafel zeichnete, unmittelbar danach wieder löschte. Sein Vorgänger hatte, so wurde uns erzählt, zu der Vorlesung noch einen Chorrock über dem Talar getragen und auf dem Pult zwei Leuchter mit brennenden Kerzen aufgestellt.

Zum Unterschied von ihm erörterte unser Professor immerhin die Frage, ob das alte Prinzip noch aufrecht zu erhalten sei: *In sexto praecepto omne peccatum est materia gravis* – „Im sechsten Gebot ist jede Sünde eine schwerwiegende Sache“ – also etwas, was, begangen „bei klarer Erkenntnis und mit freiem Willen“, im Fall des Todes direkt in die Hölle führt. Wobei seine Ausführungen im Wesentlichen darauf hinausliefen, dass es wohl ungewollte Gedanken und verstohlene unschamhafte Blicke geben konnte, die als lässliche Sünden zu werten seien.

Bei dem Ernst, mit dem das Thema Sexualität behandelt wurde, war es kein Wunder, dass unser Professor, als mir bei einer seiner Erläuterungen ein heiterer Gedanke durch den Kopf schoss und ich ihn meinem Banknachbarn zuflüsterte, worauf dieser unwillkürlich mit einem Lacher reagierte, uns der Professor aus dem Hörsaal warf: „Meine Herren, das ist eine Vorlesung für reife Männer, aber nicht für Pubeszenten. Verlassen Sie den Hörsaal." Zum Glück hatte er ein ausgesprochen schlechtes Gedächtnis für Gesichter, denn schon eine Woche später hatten wir das mündliche Examen zum Traktat *De castitate*. So reichte es doch für ein *Valde bene* (9 Punkte).

Der Rauswurf war auch insofern nicht schlimm, als die Vorlesung für die spätere Praxis in der Seelsorge und im Beichtstuhl nicht viel hergab. Es war die traditionelle Sexualmoral. Die Rede war von vielen Sünden, die da denkbar sind, zum Teil auch nur mit lateinischen Bezeichnungen, die im klassischen Lateinlexikon nicht einmal vorkamen. Von der Verantwortung, die ein Mensch übernimmt, wenn er eine sexuelle Beziehung eingeht, hörten wir nichts. Jedoch *delectatio morosa* – unkeusche Gedanken im Zusammenhang mit dem, was man in der Beichte zu hören bekam, *absolutio complicis* – Lossprechung eines Menschen, mit dem man eine Sünde gegen das sechste Gebot begangen hat; davon konnte nur der Papst befreien. Warum diese Dinge in der Ausbildung ein solches Gewicht hatten, war mir damals nicht bewusst. Es musste einen Hintergrund in der Praxis geben. Heute wissen wir alle mehr bei diesem Therma.

Sünde und Vergebung – ein billiger Handel

In jener Kindheits- und Jugendphase meines Lebens war Sünde ein Verstoß gegen eines der Gebote, die ihrerseits aufgeschlüsselt waren in viele einzelne Punkte. Ein einzelner Akt also, der bei der Beichte zu benennen und bekennen war, wofür es dann die Lossprechung gab, verbunden mit einer „Buße" genannten Auflage – in der Regel zwei Vater unser und zwei Gegrüßet seist du, Maria, dem üblichen Tarif für die üblichen Sünden. Als eine Art Genugtuung.

Dieses Schema: Sünde – Bekenntnis – Genugtuung, verbunden mit dem von der kirchlichen Autorität gewährten Nachlass gipfelte im Ablass. Ein „vollkommener Ablass"– den man für sich oder für eine „arme Seele im Fegefeuer" gewinnen konnte, befreite von allen „zeitlichen Sündenstrafen". Voraussetzung waren Beichte und Kommunionempfang und als Gebete das Glaubensbekenntnis und sechs Vater unser/Gegrüßet seist du, Maria/Ehre sei dem Vater. In der Pfarrkirche oder einer Wallfahrtskirche, wobei diese für jeden einzelnen Ablass eigens aufzusuchen war.

Normalerweise war an einem Tag ein solcher Ablass möglich, aber an Portiunkula (2. August) konnten davon beliebig viele zu den angegebenen Bedingungen gewonnen werden. Mir lagen die armen Seelen am Herzen. Ich dürfte elf oder zwölf Jahre alt gewesen sein, als ich an Portiunkula den Ehrgeiz hatte, dreißig Seelen aus dem Fegefeuer zu erlösen. Das schaffte ich auch. Nach jedem Mal ging ich hinaus und legte einen Stein an eine versteckte Stelle, so dass ich an der Anzahl der Steine prüfen konnte, wie weit ich war.

Sünde, Beichte, Vergebung waren für mich als Kind und Jugendlicher ein großes Thema – einerseits verbunden mit einer gewissen Sorge, im Falle eines plötzlichen Todes nicht entsprechend gerüstet zu sein, andererseits mit der frohen Perspektive, durch die häufige Beichte dieser Gefahr zu entgehen.

Der Aufbruch

Es kommt Bewegung in die Kirche

Als ich 1961 ins Priesterseminar eintrat, war in der Kirche noch Vieles selbstverständlich und funktionierte in der Praxis weithin ungebrochen – vielleicht auch, weil man nach dem Krieg zunächst ganz andere Sorgen hatte, als sich akademisch und dann auch praktisch über das zu streiten, was Liturgie und Kirche ist. Aber die Fragen waren schon da, und junge, aufgeweckte Geister spürten den Bruch zwischen Theorie und Praxis. Ich mache es an der Liturgie fest, die der starke rote Faden ist, der sich durch mein Leben zieht.

Es gab schon seit Jahrzehnten eine Liturgische Bewegung, die von einer Feier träumte, in der Stimme und Herz der Gläubigen zusammenklingen, bei der der Priester keinen Dolmetscher braucht, der laut übersetzt, was er leise betet. Eine Feier, in der die Gemeinde selbst den Gruß und Zuruf des Priesters beantwortet und nicht Kinder in Klerikergewändern als ihre Stellvertreter. Eine Feier, in der es „gilt", wenn die Gemeinde das Gloria singt. Es gab schon Kirchen, in denen der Altar nicht mehr an der Rückwand des Chores stand, sondern umschreitbar war. Es gab den einen oder anderen Priester, der schon einmal in einer Jugendmesse in heiligem Ungehorsam hinter dem Altar – *versus populum*, also zur

Gemeinde gewandt – stand und das Evangelium selbst deutsch laut vorlas.

Man hörte von französischen Arbeiterpriestern, die sehr einfach lebten – als Brüder unter Schwestern und Brüdern, nicht als Herren in den schönen alten Häusern in der „Herrengasse“, sondern wie Hirten, die mit ihrer Herde Sonne, Wind und Regen ausgesetzt auf dem Feld lagern.

Und es gab einen neuen Papst, der wenigstens in der ersten Zeit seines Pontifikats Zigaretten rauchte und kleinen vatikanischen Angestellten das Gehalt aufstockte und vor allem die Welt überraschte und die römische Kurie schockierte mit der Idee eines weltweiten ökumenischen Konzils. Wir hatten noch gelernt, ein solches sei nie mehr notwendig, da das Erste Vatikanische Konzil die Unfehlbarkeit des Papstes definiert hatte. Wozu da noch ein Konzil?

In dem Wechsel der Personen von Pius XII. zu Johannes XXIII. wurde bildhaft deutlich, was gerade passierte. Da der aristokratische, höchst distanzierte Stellvertreter Christi auf Erden, dessen Fuß zu küssen für die meisten Menschen etwas wie eine Berührung mit dem Allerheiligsten gewesen wäre, wenn sie dazu gekommen wären. Da der leutselige, herzliche Mensch, der in allen seine Schwestern und Brüder sah und der heiter auf den Heiligen Geist vertraute, wo die Vernunft nur unlösbare Probleme erkennen konnte. Für die Kirche brach eine neue Ära an.

Ein Sprung vom 16. ins 20. Jahrhundert

Selbst wenn man jene Zeit bewusst erlebt hat, ist es heute nicht ganz leicht, vor den inneren Augen noch einmal erstehen zu lassen, wie es war. Die Stimmen jener, die nach vorne drängten, und jener, die Bedenken äußerten, gingen ebenso durcheinander wie die Gefühle. Aufbruchstimmung, Hoffnungen, Erwartungen, die sich bis zu Phantasien steigerten, standen auf der einen Seite, Unsicherheit und Ängste auf der anderen.

Es war kein Zufall, dass ausgerechnet die Liturgie das Schlachtfeld wurde für den Kampf um die Richtung, in die es weitergehen wollte. Die Ritenkongregation wollte Schlimmeres verhindern und präsentierte gleich zu Beginn des Konzils ein Schema, das mit Hilfe einiger harmloser Schönheitskorrekturen für Ruhe sorgen sollte. Doch ihr Sprung war viel zu kurz – es war nicht das, was die Weltkirche brauchte und erwartete. Es ging nicht mehr um Kosmetik an Zeremonien, es ging ums Ganze, darum, was die Kirche ist, wie sie sich selbst versteht.

Tatsächlich schafften die mehr als 2000 überwiegend älteren Herren den Sprung über Jahrhunderte hinweg – vom Konzil von Trient, das gegen die Reformation ein Bollwerk der eigenen Tradition errichtet hatte, ins 20. Jahrhundert. Nur die auffälligsten Änderungen seien genannt, die heute ganz selbstverständlich sind, damals aber eine

Revolution waren: *participatio actuosa* – tätige, aktive Teilnahme aller Gläubigen an den liturgischen Handlungen, Volkssprache und *celebratio versus populum* – die Position des Priesters mit dem Gesicht zur Gemeinde.

Eine Entscheidung fürs Leben

Ein ungemeiner Optimismus erfasste einen Großteil der Gläubigen, gerade auch uns junge Männer, die sich auf ihren Dienst in der Kirche vorbereiteten. Fast alles erschien möglich. Wir jungen Theologen schauten froh in die Zukunft, wir freuten uns auf unseren Dienst. Den Zölibat nahmen wir in Kauf. Unser Regens legte Wert darauf, dass wir verstanden: Er ist ein Kirchengesetz, das im Grunde jederzeit geändert werden kann. Ein Versprechen, kein Gelübde wie bei Ordensleuten. Nicht auszuschließen, dass sich da in einigen Jahren etwas ändert. Aber auch nicht, so dass es bleibt, wie es ist.

Die Entscheidung, um die Weihe zu bitten, verlangte, auch abgesehen vom Zölibat, eine letzte Klärung. Ist mein Glaube stark genug, dass ich ein Leben lang glaubwürdig dafür Zeugnis geben kann? Bin ich dem Umgang mit den vielen so unterschiedlichen Menschen gewachsen? Den Situationen, mit denen ich konfrontiert sein werde?

Ich hatte ein Buch von Charles de Foucauld in die Hand bekommen und verehrte diesen „Bruder aller“, auch der „Geringsten und Verlassensten“ sehr. Die „Kleinen Brüder Jesu“, die auf seine Spiritualität zurückgehen, imponierten mir. Ich hatte zwar keine Gelegenheit, sie näher kennen zu lernen, aber als im letzten Jahr vor der Weihe einmal ein französischer Arbeiterpriester von den „Fils de la charité“ in unserem Seminar seine Gemeinschaft vorstellte, trampte ich zusammen mit meinem besten Freund über Pfingsten, wo wir noch streng verpflichtet gewesen wären, am Festgottesdienst im Dom teilzunehmen, zu zweit per Autostopp nach Paris in deren Seminar und nach Rouen, wo drei Brüder unter den Hafenarbeitern lebten. Die Brüder imponierten uns, aber es war doch nicht unsere Sache.

Auch bei den Jesuiten einzutreten, hatte ich immer wieder erwogen. Unsere Fakultät war eine Jesuitenfakultät, die Spiritualität des Weltklerus in unserer Diözese ignatianisch geprägt. Mein Beichtvater bot mir die Gelegenheit, 10-tägige Einzelexerzitien bei ihm zu machen. Fünf je zweistündige Betrachtungen täglich, eine Höllenbetrachtung mitten in der Nacht. Absolutes Schweigen außer den Gesprächen mit dem Exerzitienmeister. Die zehn Tage gehören zu den intensivsten meines Lebens. Sie waren ausschlaggebend, dass ich Ja sagte.

Ein Punkt betraf noch das Doktoratsstudium, das ich anstrebte. Einzelne Kollegen hatten dafür noch zwei, drei Jahre über die reguläre Studienzeit hinaus vom Bischof genehmigt bekommen. Ich bat auch darum. Gewährt wurde mir, zu diesem Zweck ein Jahr im Seminar zu leben und nebenher, vor allem sonntags, in Gemeinden auszuhelfen.

In diesem Jahr legte ich die Rigorosen ab, die nach der damaligen Studienordnung einen hohen Rang hatten: vier Stunden Prüfung bei vier Professoren über die Fundamentaltheologie und die gesamte Dogmatik, je zwei Stunden über Moral und Pastoral, einschließlich Liturgik, je zwei Stunden Altes und Neues Testament und über Kirchengeschichte und Kirchenrecht. Das Doppelrigorosum aus dem Bereich der Dissertation konnte entfallen. Für ein Jahr ein volles Programm, neben dem mir aber die Aushilfen Freude machten.

Zum Beispiel in einem kleinen Dorf in einem Seitental, wo der Dienst im Beichtstuhl am späten Samstagnachmittag begann und am Sonntag um fünf Uhr früh seine Fortsetzung fand, bis man dann selbst der Messe vorstand. Und wo ich schon beim zweiten Mal die wörtlich gleichen Bekenntnisse hörte wie beim ersten Mal. Unter anderem von einem Mann, der offenkundig Sex mit seiner Kuh hatte. Jetzt wusste ich, warum der Moralprofessor beim Traktat über die Keuschheit von „Bestialität“ gesprochen hatte. So etwas gab es also tatsächlich.

Oder in einer Krankenhauskapelle. Oder bei einer alten adeligen Dame, irgendwie verwandt mit dem Hause Habsburg, die mit ihrer Zofe völlig verarmt lebte, aber noch das Privileg einer eigenen Hauskapelle hatte mit dem Recht auf eine wöchentliche Messe und darauf, die Eucharistie zur Anbetung aufzubewahren. Da zu der Zeit bereits die ersten liturgischen Reformen umgesetzt wurden, z. B. dass der Priester die Schriftlesungen selbst in der Volkssprache vortrug, bat sie mich, noch im alten Ritus ganz in Latein zu zelebrieren.

Für mich eine Zeit vielfältiger spannender Erfahrungen.

Im Schul- und Gemeindedienst

Nach diesem einen Jahr wurde ich an meine erste Stelle versetzt, die Dissertation sollte ich dort schreiben. Neben meinen Hauptaufgaben: eine halbe Lehrverpflichtung am Gymnasium und Messfeier an jedem Tag, Taufen, Trauungen und Beerdigungen im Wechsel mit Kollegen, an jedem zweiten Sonntag drei oder vier Predigten oder an jedem vierten sieben. Dazu am Samstagnachmittag und während den Sonntagsmessen, denen die Kollegen vorstanden, im Beichtstuhl, Beichte hören auch bei den

Schülerbeichten, Versehgang oder Nottaufe, wenn das Krankenhaus anrief …

Das alles war hochspannend, aber alles zusammen und die räumliche Entfernung von der Uni und ihrer Bibliothek – es ist unschwer, sich vorzustellen, dass da die Arbeit an einer Dissertation nicht vorankam. Zumal Vieles neu war, Vorbereitung erforderte oder aufzuarbeiten war. Doch ich war nicht nur zufrieden, sondern in den neuen Aufgaben ausgesprochen glücklich. Die Dissertation musste warten.

Insbesondere der Religionsunterricht war für mich eine reine Freude. Der Kontakt mit jungen Menschen – meine ältesten Schüler waren sieben oder acht Jahre jünger als ich – das kam mir sehr entgegen. Hier konnte ich auch voll aus dem schöpfen, was in der Theologie während des Studiums neben den alten Lehren an Neuem aufgebrochen war, sei es in der Bibelwissenschaft, in der Moral, in theologischen Spekulationen und neuen Frömmigkeitsformen. Nicht mehr der reine Frontalunterricht, den wir noch erlebt hatten, war angesagt, sondern Diskussionen in Gruppen und im Plenum, Ideen sammeln, Gebete, Gedichte und andere Texte schreiben, gemeinsam Gottesdienste vorbereiten und feiern, …

Keine heile Welt

Etwas ganz Anderes kam dazu. Während Laien in der Kirche sehr viel ehrenamtlich tun, ist beim Priester alles dienstlich. Ganz gleich, wie viel es ist. Ich wollte aber nicht nur immer im Dienst sein, sondern mich auch in eine andere Aufgabe einbringen. Einfach so. Das Rote Kreuz suchte Rettungssanitäter – das war für mich ein Angebot. Notfallseelsorger gab es zu der Zeit noch nicht. Bei Notfällen war der Pfarrer vor Ort zuständig und wurde gerufen.

Wir machten in der Regel vor allem Nachtdienst von 19 Uhr bis 7 Uhr am nächsten Tag. In dem Bereich, für den wir zuständig waren, mit vier langen Tälern dauerte allein der Hinweg bis zu 45 Minuten Fahrzeit. Der Sprechfunk versagte überall schon nach wenigen Kilometern. Dienst hatten wir zu zweit und waren dabei ganz auf uns allein gestellt.

Das heißt konkret: Wir hatten Einsätze, die man ein Leben lang nicht vergisst. Einer meiner ersten: Ein Toter und ein schwer Verletzter. Als wir an der Unfallstelle ankamen, war niemand außer den beiden sowie dem Fahrer des Autos auf der Straße, das sie gerammt hatte. Ein Polizist kam erst nach uns. Die Drei hatten miteinander den ganzen Abend Karten gespielt. Weil das Auto nicht anging, waren zwei zu Fuß nach Hause unterwegs, als der dritte nachkam und auf der eisglatten Straße nicht anhalten konnte. Die Fahrt mit dem Toten und dem

Verletzten zum Krankenhaus dauerte mehr als eine halbe Stunde. Wochen nach der Beerdigung des Verstorbenen berichtete mir der Pfarrer, der ihn beerdigt hatte, er habe erfahren, dass ich bei dem Einsatz dabei gewesen war. Seine Frau lasse fragen, ob der Verstorbene vor seinem Tod noch irgendetwas gesagt habe.

Oder: Von einem hoch gelegenen Bergbauernhof holten wir die sterbenskranke Mutter von drei kleinen Kindern. Unvergesslich die angsterfüllten Blicke der Kinder und die Stimme ihrer Großmutter, die ihren Herrgott verfluchte, weil er ihre Tochter und nicht sie, die alte kranke Frau, aus dem Leben rief. Der Pfarrer, den eine Nachbarin gerufen hatte, versuchte, sie zu beruhigen. Zuvor hatte er der Sterbenden noch die Krankensalbung, die „Letzte Ölung" gespendet. So schwer unsere Aufgabe war, ihn beneidete ich nicht um die seine. Der Mann der Sterbenden, der das Elend nicht mehr ertragen konnte, war im Gasthaus.

In einer Winternacht ein anderer Einsatz. Wir kamen zu der Unfallstelle. Es herrschte heftiges Schneetreiben. Auf der Straße stand ein Auto. Der Fahrer war mit dem Polizisten am Reden. Neben dem Auto lag ein Mann im Schnee. Tot. Genickbruch. Er war wohl alkoholisiert vor das Auto gestürzt. Der Fahrer hatte keine Chance, den Zusammenprall zu verhindern. Wir hoben den Toten auf und erkannten ihn. Wir brachten ihn in die

Leichenkammer des Krankenhauses, legten ihn dort nieder und blieben noch für ein Vaterunser neben ihm stehen. Anschließend in der Rettungswache sprachen wir über ihn. Er war ein Waisenkind gewesen, aufgewachsen bei einer Tante. Er hatte Priester werden wollen, hatte mit sehr viel Mühe neben seiner Tätigkeit als kleiner Angestellter die „Arbeitermatura“ gemacht. Zum Theologiestudium reichten dann die intellektuellen Fähigkeiten einfach nicht. Er versuchte es noch als Quereinsteiger im Religionsunterricht. Auch das wollte nicht recht gelingen. „Was hat er vom Leben gehabt? Und von seinem Herrgott?“ fragte mich mein Kamerad. Ich wusste keine Antwort.

Situationen dieser Art machten mir mehr und mehr zu schaffen. Was ist meine Aufgabe als Priester? Was kann ich sagen, wie kann ich helfen mit dem, was ich zu bieten habe? Es waren Fragen, über die man im Studium zwar theoretisch sprach und dazu schöne Gedanken entwarf, denen ich aber im Studium nicht in dieser Unmittelbarkeit und Härte ausgesetzt gewesen war.

Erfahrungen

Beim Schreiben dieses kleinen Buches wird mir bewusst, dass es kein Thema gibt, das mein Leben so durchzieht wie Sünde – Beichte – Vergebung. Obwohl ich, das sei schon hier vorweggenommen, die letzten fünfzig Jahre nie mehr beichten war. Womit ich wohl nicht der Einzige bin.

Was mich dabei selbst wundert: Es ist kein düsteres Thema für mich. Eher das Gegenteil. Es geht um nicht weniger als um alles. Deswegen ist ja Gottes Sohn Mensch geworden. Um das, wovon uns die Bibel in den Geschichten von Adam und Eva, von Kain und Abel, von Noah und seiner Arche und in vielen, vielen anderen Geschichten erzählt, zum Guten zu wenden. Was wir „Erlösung" nennen, „Heil", das ist der Mittelpunkt und das Ziel von allem, was wir glauben.

Genau dafür aber diente im konkreten kirchlichen Handeln in der Mitte des 20. Jahrhunderts als Instrument nichts anderes so sehr wie die Beichte.

Beichten

Der Kollege, mit dem ich im gleichen Hause wohnte, und ich hatten Glück. Wir hatten, anders als es damals allgemein noch üblich war, keine „Köchin", wie eine Haushälterin bei uns genannt wurde.

So waren wir dankbar, dass wir täglich eine warme Mahlzeit im „Missionshaus“ einnehmen konnten. Missionare hatten neben dem Gymnasium ein Internat gebaut. Damit boten sie Jungen aus den Bergtälern die Gelegenheit, das Gymnasium zu besuchen. Sie hofften, davon welche für die Mission zu gewinnen. Für uns ein Segen und ein Ort, wo wir mit drei aus der Mission nach Europa zurückgekehrten Geistlichen viele interessante Gespräche führten.

Ein Konflikt entstand, als mein Kollege für die Schülerbeichten den über 70-jährigen Pater, der einst in Uganda in einem Priesterseminar Moral doziert hatte, als Beichtvater gewann. Danach berichteten Schüler, die bei ihm gebeichtet hatten, dass er ihnen die Absolution verweigert hatte. Denn sie hatten gebeichtet, sie seien am Sonntag nicht bei der Messe gewesen. Da sie das von ihm geforderte Versprechen, diese Sünde nicht mehr zu begehen, ehrlicherweise nicht geben konnten, hatte er sie nicht losgesprochen. Bei der nächsten Schülerbeichte wies darum mein Kollege bei der Vorbereitung die Kinder darauf hin: Wer nicht jeden Sonntag zur Messe kommen kann, soll nicht zu dem Pater N. beichten gehen. Die darauffolgende Auseinandersetzung war heftig. Trotzdem konnten wir weiter zum Mittagstisch kommen. Die Wogen glätteten sich wieder.

„Beichte hören“

„Beichte hören“ gehörte für uns Gemeindeseelsorger nicht nur zu den wöchentlichen Pflichten. Vor Ostern, Allerheiligen/Allerseelen und Weihnachten war der Andrang groß. Und ganz besonders am Tag des Jahrmarkts, wenn aus den Tälern die Menschen kamen, um ihren Bedarf an Haushaltsartikeln und Kleidern für das Jahr zu decken. Mehr als sechs Stunden saßen wir da im Beichtstuhl und hörten vor allem schematische Bekenntnisse von Alltagssünden: Nachlässigkeiten im täglichen Gebet, Streit in der Familie, ….

Und immer wieder beichteten Frauen, dass sie die Pille nahmen oder auf andere Weise eine Empfängnis zu verhüten suchten, weil sie sich ihrem Mann nicht verweigern wollten und konnten. Die Enzyklika *Humanae vitae* Papst Pauls VI. wirkte diesbezüglich verheerend. Ich tat mein Möglichstes, ihnen in der kurzen Zeit im Beichtstuhl ihre Sündenangst zu nehmen. Ihnen zu sagen, das Wichtigste in der Ehe sei die Beziehung, Fruchtbarkeit natürlich, aber auch die Verantwortung füreinander und für die Kinder. Von da aus sei auch der Umgang mit der Sexualität zu sehen und zu bewerten. Doch war ich dabei nicht sicher, ob das für sie letztlich hilfreich war. Denn für sie blieb der Konflikt: Wer hat jetzt Recht – der Papst oder der Kaplan?

Unter Mitbrüdern darüber zu sprechen war schwierig, da schnell der Vorwurf im Raum stand, man verbreite Irrlehren, wenn man von der offiziellen Linie abwich. Manche legten sich da auch nicht fest und sagten selbst unter Freunden nicht klar, wie sie es im Beichtstuhl hielten.

Gottes Gericht

Das Thema Sünde – Beichte – Vergebung beschäftigte mich sehr. Erlösung sollen wir den Menschen bringen. Die Verkündigung soll Frohbotschaft, nicht Drohbotschaft sein. Die Ängste, die mir im Beichtstuhl begegneten, und demütigende Bekenntnisse machten mir zu schaffen. Der starre Blick auf „Tatsünden", auf genau definierte Akte, die im Widerspruch standen zu Geboten, führte in die Irre. Da half es wenig, wenn auch von einer Gesinnungsethik gesprochen wurde und die Wichtigkeit von Grundhaltungen, Tugenden gepredigt wurde. Bei der Beichte schlugen doch wieder die einzelnen Akte durch. Vor allem, das wurde mir immer klarer, war es auf dem Hintergrund der üblichen Katechese der Vorgang der Beichte selbst, der einem anderen Denken und Verstehen im Wege stand.

Er war eine Art Geschäft. Da war die Sünde, eine ganz konkrete Tat, ein Unwort, ein Streit, ein Gedanke. Sie musste man bereuen und bekennen.

Dafür gab es die Absolution und den Auftrag zu einer Art Genugtuung, die in ihrem Gewicht je nach Sünde in einem sehr unausgewogenen Verhältnis zur Tat selbst stand.

Es war nicht das, was die Evangelien vom Umgang Jesu mit Sündern berichten und was im Wirken der Apostel seine Fortsetzung fand. Dort werden nur wenige Sünden konkret benannt – bei der Ehebrecherin, bei der Frau, die als „Sünderin“ bekannt war, beim Zöllner, der die Menschen betrog, beim Schächer am Kreuz. Aber sonst war eher allgemein davon die Rede, etwa wenn Jesus dem Gelähmten, den ihm seine Freunde buchstäblich zu Füßen legten, zuerst zusagte: „Deine Sünden sind dir vergeben“ und dann: „Steh auf, nimm deine Tragbahre und geh nach Hause!“ „Heute noch wirst du mit mir im Paradies sein.“ Da ging kein entwürdigendes Bekenntnis voraus und folgte keine Bußauflage, höchstens ein „… und sündige nicht mehr!“

Um diese Art des Umgangs mit Versagen und Schuld ging es bei Jesus. Die ursprüngliche Harmonie von Schöpfer und Geschöpf wiederherzustellen. Sünde als Störung in der Beziehung zwischen Gott und Mensch. Vergebung als Heilung der Verletzungen dieser Beziehung. Die Kirche keine Richterin, die jedes Detail wissen muss, sondern Mittlerin. Sie hat den Auftrag, authentisch und verlässlich die Versöhnung zuzusprechen, wo der Mensch sich selbst nicht aus Schuld befreien kann.

Nach seiner Auferstehung grüßt Jesus seine Jünger mit den Worten „Friede sei mit euch!“ Da geht es nicht um die Beendigung eines Streits unter ihnen, nicht um den Frieden in Jerusalem zu jener Zeit, nicht um den Weltfrieden. Es geht um den Frieden in ihren Herzen. Um die Gewissheit, mit Gott im Reinen zu sein, von ihm getragen, bei ihm geborgen. Das ist es, wozu die Kirche da ist. Aber ist das auch zu spüren? Das Leben unter den Augen eines Richters, der alles wissen will, ist nicht entspannt. Auch wenn er ein gnädiger Richter ist, der in der Regel auf Bewährung oder Freispruch entscheidet.

Erschüttert

Was die traditionelle Beichtpraxis zusammen mit der zu der Zeit noch allgemein verbreiteten Moral speziell im Zusammenhang mit dem sechsten Gebot anrichten kann, habe ich schon als ganz junger Priester erfahren. An manchen Werktagen hatte ich in einem Krankenhaus mit den geistlichen Schwestern und ein paar weiteren Gläubigen die Werktagsmesse zu feiern. Im Anschluss daran brachte ich Patienten, die darum gebeten hatten, in ihren Krankenzimmern die Kommunion. Dazu ging eine Schwester mit einer Laterne voraus in die einzelnen Zimmer. Dort hatte ich nach dem Gruß „Gelobt sei Jesus

Christus. – In Ewigkeit. Amen." Einfach vor dem Patienten zu sprechen: „Seht das Lamm Gottes, das hinwegnimmt die Sünden der Welt", worauf die Schwester mit dem Patienten betete: „Herr, ich bin nicht würdig, …". Es folgte die Kommunion, ein Augenblick der Stille, dann der gleiche Gruß, bevor es zum nächsten Zimmer ging.

An einem Morgen rief mir, als ich noch kaum durch die Türe war, ein alter Mann aus dem Bett laut entgegen: *Confessio, confessio. Peccavi, peccavi!* Ich brauchte ein paar Sekunden, um zu verstehen, was da vor sich ging. Der alte Herr war wohl Priester und wollte beichten, bevor er die Kommunion empfing. Sein Bettnachbar verfolgte mit großen Augen das Geschehen. Nachdem ich mich gefasst hatte, begann ich den Ritus wie üblich: *In nomine Patris ... Dominus sit in corde tuo et in labiis tuis ...* Es folgte auf Latein sein Bekenntnis: *Confiteor. Peccavi contra sextum praeceptum. Cogitatione et opere. Mea culpa, mea culpa.* Die Worte des täglich gebeteten *Confiteor* gaben ihm die Möglichkeit, lateinisch vor seinem Bettnachbarn seine Sünde gegen das sechste Gebot zu beichten – was immer das gewesen sein mochte. Ich betete die Gebete der Absolution: *Misereatur tui ..., Indulgentiam, absolutionem et remissionem ..., Dominus noster Jesus Christus te absolvat ..., Deinde ego te absolvo ..., Passio Domini nostri Iesu Christi ...*

Und schämte mich zutiefst für eine Kirche, die einen Menschen wie diesen alten Priester so demütigt und seiner Würde beraubt.

Nach dem Rundgang mit der Kommunion fehlte mir die Zeit, um zu ihm zurückzukehren und mit ihm zu sprechen. Als ich beim nächsten Besuch des Krankenhauses nach ihm fragte, erfuhr ich, dass er inzwischen verstorben war. Jene Beichte war wohl die letzte seines Lebens und die Kommunion für ihn die Wegzehrung gewesen.

Für mich war es ein Schock, den ich nie vergessen konnte. Was ist das für eine Kirche? Wie weit ist sie entfernt von jenem Jesus, der nie von einem Menschen ein Sündenbekenntnis verlangt, aber vielen von sich aus die Vergebung zugesprochen und sie so seelisch und leiblich geheilt hat?

Ein Ende und ein neuer Anfang

Es waren die letzten 1960er-Jahre. In Staat und Gesellschaft wurden Strukturen und Traditionen in Frage gestellt, es gab Demos und Sitins. In der Schule verstand ich mich ganz besonders gut mit den Schülern, die in dieser Richtung aktiv waren, und war selbst da und dort dabei. Zum Missfallen der schulischen Vorgesetzten, die in der neuen Bewegung einen Unruheherd sahen und entsprechende Initiativen von der Schule fernhalten wollten. Ich unterschätzte das und war auch völlig naiv in Bezug darauf, wie man gegebenenfalls unliebsame Leute loswird. Die Erfahrung lehrte mich, wie das geht.

Als ich am Ende des dritten Schuljahres mich in die Ferien verabschiedete, fragte mich der Direktor, ob ich auch wegfahre und wohin. Ich sagte ja, ich wollte mit einem Freund zwei Wochen nach Italien auf einen Campingplatz. Einfach weg und unerreichbar sein. Als ich zurückkam, erfuhr ich, dass der Direktor zusammen mit seinem Stellvertreter, der auch Vorsitzender des Pfarrgemeinderates war, in der Zwischenzeit beim Bischof einen Termin erbeten hatte. Ich war versetzt. Ich ging zum Bischof, der mir riet, mich zu fügen. Meiner Bitte, mir in diesem Fall jetzt den mittelfristig versprochenen Studienurlaub zu geben, lehnte er ab. Vielleicht in einem Jahr!

Es war für mich ein harter Schlag. Doch – ich war einverstanden. Und ging.

Eine Zwischenstation

In die neue Gemeinde kam ich mit der Absicht, sie möglichst bald wieder zu verlassen.

Die Schule, in der ich nun unterrichten sollte, war nicht das Gymnasium in der nahen Stadt, das man mir zugesagt hatte. Der Direktor meiner alten Schule hatte den Chef der neuen vor mir gewarnt. Ich kam an eine berufsbildende Fachschule. Dort wurde ich mit offenen Armen empfangen. Der Unterricht dort machte mir wie zuvor große Freude. Auch in der Gemeinde fand ich eine freundliche Aufnahme. Zwei Kapläne waren dort nacheinander weggegangen, um zu heiraten. Nun war man wohl neugierig auf den neuen.

Tatsächlich wurde diese Gemeinde auch für mich zum Ort der Neuorientierung in Bezug auf den Zölibat. Am Gymnasium, an dem ich unterrichtet hatte, war ich mit einer Kollegin befreundet. Ich war dabei, mich zu verlieben. In einem Gespräch klärten wir die Grenzen. Keine Zärtlichkeiten, keine Zweideutigkeiten. Das war gut – so konnten wir miteinander Manches unternehmen. Natürlich gab es deswegen da und dort Verdächtigungen und

Getuschel. Das berührte uns nur wenig, hatten wir doch ein gutes Gewissen.

An der neuen Stelle begegnete ich der jungen Frau, mit der ich seither zusammen bin. Wir entdeckten, was Liebe ist: sich verstehen, die Welt mit den Augen des anderen sehen, sich verstanden und geborgen wissen, über Gedanken und Gefühle zu sprechen, über die wir noch nie gesprochen hatten. Auch gemeinsam zu beten, miteinander einfach vor Gott da zu sein in der kleinen Klosterkirche einer Schwesterngemeinschaft, wo wir manchmal vom nicht einsehbaren Chor herunter den Gesang der Schwestern mit ihren jungfräulichen Stimmen hörten, wenn sie in der Vesper Gottes Lob sangen.

Die Liebe wuchs. Wir wurden ein Paar.

„Kann denn Liebe Sünde sein?“

„Kann denn Liebe Sünde sein?“ fragte Hildegard Knef damals in einem Lied, das ursprünglich Zarah Leander gesungen hatte. Für mich zu dieser Zeit keine banale, sondern eine existentielle Frage. „Liebe kann nicht Sünde sein, und wenn sie es wär’, so wär’s mir egal. Lieber will ich sündigen, als ohne Liebe sein“, hieß es weiter in dem Lied. Nein, egal war mir das ganz und gar nicht. Wieder und wieder habe ich mich gefragt, ob es nicht eine ungeheuerliche Blasphemie ist, einander Mann und Frau zu sein und dann in der Kirche sich vor Gott hinzustellen und sich gleichsam von ihm anschauen zu lassen.

War das, was wir erlebten, Sünde, schwere Sünde? War es Blasphemie? Es stand ganz klar in Widerspruch zum Zölibatsversprechen, das ich gegeben hatte. Und Versprechen waren mir immer heilig gewesen. Schon sehr viel kleinere als dieses, das ja das ganze Leben betraf.

Und doch, ein Bewusstsein oder das Gefühl zu sündigen, stellte sich nicht ein. Eher das Gegenteil. Dankbarkeit für das erfahrene Glück. Dafür, dass Gott sein Ebenbild als Mann und Frau so geschaffen hat, dass sie in ihrer Beziehung zueinander etwas von seiner Zuwendung, seiner Liebe, seiner Freiheit erahnen. Wir kamen für das, was uns verband, sogar auf das Wort „dreisam".

Noch einmal – sind solche Gedanken Blasphemie? Diese Frage stellte ich mir ein ums andere Mal. Und fand zu keinem Ja. Im Gegenteil. In dem Kirchlein der Schwestern steckten wir uns gegenseitig Ringe an, zu einem Zeitpunkt, als noch ungewiss war, ob diese Beziehung für das ganze Leben bleiben und wohin unsere Wege – gemeinsam oder getrennt – uns künftig führen würden.

Berufliche Neuorientierung

Nach dem Jahr in der neuen Gemeinde bekam ich vom Bischof die Erlaubnis zum Weiterstudium, verbunden mit einer finanziellen Unterstützung, die allerdings nicht zum Leben reichte. Dank einer großzügigen Freundin und einer Familie, die mir für ganz wenig Geld Unterkunft gewährte, kam ich über die Runden, bis sich mir die Chance auf eine Assistentenstelle an der Theologischen Fakultät bot. Zunächst für ein paar Monate, weil der Inhaber der Stelle beurlaubt war, dann als feste Stelle. Dabei gab es allerdings einen Haken.

In dem Monat, bevor ich den neuen Vertrag bekommen sollte, trat ein neues Universitätsorganisationsgesetz in Kraft. Von jetzt an sollte bei der Anstellung eines Assistenten dieser automatisch die *venia legendi*, die kirchliche Lehrbefugnis, bekommen. So konnte er ohne weitere Formalitäten seinen Professor im Vorlesungsbetrieb entlasten oder vertreten. Ich hatte zu diesem Zeitpunkt zwar noch nicht um Laisierung angesucht. Aber ich hatte meinen Chef bereits informiert, dass ich diesbezüglich vor einer Entscheidung stand. Diese Information floss daher in das Verfahren ein. Auch gegenüber dem für die Erteilung der *venia legendi* zuständigen Bischof von Innsbruck. Er verweigerte die Zustimmung. Das war verständlich, da mir nach der Laisierung diese wieder entzogen worden wäre.

Zu dieser Zeit war die Innsbrucker Theologische Fakultät auf der Professorenebene eine reine Jesuitenfakultät. Sie war auf Vorschlag meines Professors damit einverstanden, mich ohne *venia legendi* einzustellen. Auch da war der Bischof dagegen. Damit wurde meine Anstellung zu einer Machtfrage. Die Jesuiten beharrten auf ihrer Entscheidung für mich. Ich selbst ging zum Bischof und bat ihn demütig, auf sein Veto zu verzichten. Er ließ mich durchaus spüren, was er von mir und meiner Bitte hielt. Dann dauerte es – inzwischen arbeitete ich bereits einen Monat ohne Vertrag –, bis ich meinen neuen Dienstvertrag bekam mit der Einschränkung, keine Lehrveranstaltungen halten zu dürfen. Ich habe nie erfahren, ob der Bischof dazu letztendlich sein Einverständnis gegeben hat oder ob es die Jesuiten auf weiteren Streit ankommen ließen und einfach entschieden haben.

Die Entscheidung

Tatsächlich spitzte sich die Entscheidung über den persönlichen weiteren Weg und über die Beziehung zu meiner Frau zu, als sie schwanger wurde. Ich hatte die Wahl: auf der einen Seite die Verantwortung für sie und das Kind, auf der anderen mein priesterlicher Dienst und das damit verbundene Zölibatsversprechen.

In meiner Not nahm ich in diesen Wochen und Monaten an Werktagen, wenn immer es möglich war, nach meiner Arbeit an der Eucharistiefeier um 18.30 Uhr in der Spitalskirche in Innsbruck teil – oft in der letzten Bank. „Was würden die vorne denken, wenn sie wüssten …?“ Für mich war klar: Wenn ich das nicht ertrage und vor allem, wenn ich bei meiner Entscheidung nicht gleichsam Gott in die Augen schauen kann, dann ist sie falsch. „Nimm hin, o Herr, meine ganze Freiheit. Nimm an mein Gedächtnis, meinen Verstand, meinen ganzen Willen. Was ich habe und besitze, hast du mir geschenkt. Ich gebe es dir wieder ganz und gar zurück und überlasse alles dir, dass du es lenkst nach deinem Willen …“ lautete die damalige Übersetzung des *Suscipe* des heiligen Ignatius. Es war das Gebet, das mir Jahre zuvor zu der Entscheidung für die Priesterweihe geholfen hatte. Mit diesen Worten musste ich nun zurechtkommen. Sie waren der Prüfstein, an dem sich meine Entscheidung bewähren musste.

So widersprüchlich es auch erscheint – in der Spitalskirche wuchs in mir das Vertrauen, dass der letzte Satz dieses Gebets auch bei meiner neuen Entscheidung gilt: „Nur deine Liebe schenke mir mit deiner Gnade. Dann bin ich reich genug und suche nichts weiter.“ Und so war es dann ja.

Es waren harte Stunden. Oft bin ich danach noch eine halbe Stunde durch die Stadt gelaufen, damit die Familie, bei der ich wohnte, nicht meine verweinten Augen sahen.

Ein schmaler Grat

Wenn heute Frauen berichten, dass sie missbraucht wurden – sexuell und geistlich – und wenn, wie prominente Beispiele zeigen, Täter oft charismatische Männer waren, frage ich mich, ob ich nicht in der Gefahr war, in so etwas abzurutschen. Wie war das bei mir? Was wäre gewesen, wenn mir der Beruf wichtiger gewesen wäre als die Verantwortung für Frau und Kind? Wenn ich nicht in den Stunden in der Spitalskirche zu dem Vertrauen gefunden hätte, dass es richtig ist, den weiteren Weg mit meiner Frau zu gehen.

Das Machtgefälle, das heute Gott sei Dank klar gesehen und mit Recht angeprangert wird, bestand da durchaus: Ich, der junge Priester, der in der Schule als Religionslehrer und in der Gemeinde als Kaplan und Prediger gut ankam. Sie, die attraktive junge Lehrerin, durchaus selbstbewusst, die mit zwanzig Jahren schon den Kirchenchor leitete und allgemein beliebt war, großzügig, aber auch verletzlich. Geprägt auch noch vom Denken jener Zeit, als Frauen grundsätzlich hinter dem Mann zurückstehen mussten. In unserem Fall umso mehr, als es bei mir um einen Priester ging. Die Heiligkeit des

Amtes war doch unantastbar. Und sie die Sünderin, die Verführerin? Allein beim Gedanken an diese Zusammenhänge bekomme ich immer noch Herzklopfen. Ich bin unendlich dankbar, dass ich in den Stunden in der Spitalskirche zu der Entscheidung gefunden habe für die Treue zu ihr.

Laisierung

Es war ein Segen, dass meine Entscheidung in mir Ruhe und Frieden auslöste. Denn nun stand das Verfahren der Laisierung an. Zu der Zeit dauerte dieses im Durchschnitt ein Jahr. Das Kind würde also außerehelich geboren, das mussten wir eben in Kauf nehmen. Aber ich hatte ein besonderes Glück.

Mein Chef hatte zu der Zeit im Zusammenhang mit der Schaffung des neuen Ritualeteils für die Feier der Buße bei der Gottesdienstkongregation zu tun und nutzte die Gelegenheit, dort einen Mitarbeiter zu fragen, wie der Antrag um Laisierung am besten anzugehen sei. Er kam zurück mit Empfehlungen: Alles weglassen, was nach Kirchenkritik oder Schwierigkeiten mit dem Dienst als Priester aussieht. Je mehr von einer sexuellen Notlage drinsteht, desto besser. Er nannte auch ein Beispiel: Vor kurzem hätte es ein Gesuch gegeben, in dem der Betreffende von seiner Neigung zur „Bestialität“ geschrieben habe, also zu sexuellen Beziehungen zu

Tieren. Er sei nach wenigen Minuten positiv beschieden worden. Auch praktizierte Homosexualität oder abartige Praktiken seien sichere Argumente, um postwendend die Laisierung zu erhalten. Im Übrigen könnte ich ihm über meinen Chef einen Entwurf zukommen lassen, zu dem er dann Stellung nehmen würde.

Ich empfand die Beispiele in seinen Empfehlungen als entwürdigend, nahm sie aber zur Kenntnis. Ich schrieb einen Entwurf und stellte Probleme mit dem Zölibat und die feste Absicht, meine Freundin zu heiraten, in den Vordergrund. Aber ganz wollte ich nicht auf einen Hinweis auf die Schwierigkeiten, die ich mit dem System Kirche und mit meiner Rolle als Priester hatte, verzichten. Der Entwurf kam zurück, die betreffenden Sätze waren durchgestrichen und jene zu den Zölibatsproblemen waren unterstrichen. Das war demütigend, aber ich korrigierte den Text, sandte ihn meinem Bischof zur Weiterleitung zu und bekam die Laisierung nach fünf Monaten. So hatte unsere Tochter noch reichlich Zeit, ehelich geboren zu werden. Das war gut so.

Nie habe ich und werde ich erfahren, ob für die kurze Frist jener wohlgesinnte Mitarbeiter der römischen Kongregation entscheidend war, der vielleicht meinen Antrag von der Basis des Stoßes auf dem Schreibtisch des zuständigen Bearbeiters auf halbe Höhe hievte, oder ob es eine Bitte meines

Heimatbischofs anlässlich seines Ad-limina-Besuchs beim Präfekten der Kongregation war, meinen Antrag vordringlich zu bearbeiten. Denn er berichtete mir von seiner Intervention, da er selbst von der kurzen Zeit überrascht war. Er freute sich jedenfalls auch darüber. Denn als er am Samstag vor Palmsonntag von Rom den Bescheid erhielt, schrieb er mir von Hand gleich eine Postkarte und warf sie in den Briefkasten, so dass ich am Montag seine Nachricht erhielt. Die offizielle Benachrichtigung komme, sobald sein Sekretariat das auf den Weg bringen könne. Auf jeden Fall könnten wir die Vorbereitung der Trauung in die Wege leiten. Eine großartige Geste, für die wir herzlich dankbar waren. So konnten wir noch in der Osterwoche standesamtlich und zehn Tage später kirchlich heiraten. Natürlich im kleinen Kreis. Wohlwollend hatte der Bischof erlaubt, dass unsere beiden Familien und drei befreundete Ehepaare teilnehmen durften.

Nicht so erfreulich waren die mit der Laisierung verbundenen Auflagen: keine kirchliche Tätigkeit, speziell in der Lehre; Stillschweigen über die Vergangenheit als Priester, Aufenthalt außerhalb der Heimatdiözese.

Nicht mehr Priester

Mit der Anstellung an der Theologischen Fakultät war für einen überschaubaren Zeitraum die materielle Basis gesichert. Ob es in den folgenden Jahren Änderungen bezüglich einer Lehrerlaubnis geben würde – die Hoffnung war in der damaligen kirchlichen Situation und Aufbruchsstimmung zweifellos optimistisch und mutig, aber nicht ganz abwegig. Zur Sicherheit inskribierte ich nebenher vier Jahre lang Lehrveranstaltungen in Pädagogik, um gegebenenfalls in kürzester Zeit ein solches Studium abschließen zu können und eine Tätigkeit im Bereich Erwachsenenbildung zu suchen. Daneben kam die Tochter zur Welt und war zweimal die Wohnung zu wechseln. Aufgaben, die einem durch vielerlei kleine Privilegien verwöhnten Expriester nicht wenig Mühe machen.

Ganz allgemein war die Entscheidung, weiter beruflich auf die Theologie zu setzen, riskant. Denn letztlich war es ungewiss, ob ich damit ein ganzes Berufsleben lang etwas Entsprechendes finden würde. Zum Beispiel als Religionslehrer an einem Gymnasium, wie ich es ja schon gewesen war. Dafür hatte ich am Ende dieser Tätigkeit noch die spezielle Lehramtsprüfung abgelegt – zuvor war ich einfach auf der Grundlage des abgeschlossenen Universitätsstudiums angestellt gewesen.

Zu dieser Zeit war ich schon im Studienurlaub. Bei der Prüfung wusste der vorsitzende Generalvikar bereits um meine persönliche Unsicherheit in Bezug auf die Zukunft. Am Ende der mündlichen Prüfung bekam ich von ihm zwar die Note „Gut" mitgeteilt, doch auf das Zeugnis wartete ich vergebens. Eine Woche, zwei Wochen vergingen. Ich rief an und bekam im Sekretariat die Auskunft, ja, die Unterlagen sind fertig, ich bekäme das Zeugnis zugeschickt. Wieder zwei Wochen, ich rief wieder an. Wartete wieder. Ich schrieb einen Brief, in dem ich mit dem Anwalt drohte. Vier Tage später hatte ich das Zeugnis in den Händen.

Belastungen

Es waren solche Dinge, die in der Situation einer Entscheidung, die das Innerste betraf, das Leben zusätzlich belasteten. Das eigene und das der Partnerin. Ich habe von nicht wenigen Kollegen, die ihren Priesterdienst aufgaben, gehört, dass sie irgendwann einfach nicht mehr konnten. Und resignierten oder aus der Kirche austraten. Jahre nach meinem Schritt traf ich einen Kollegen aus der Seminarzeit. Er hatte zu einem bestimmten Zeitpunkt dem Bischof erklärt, er gebe der Kirche noch drei Jahre Zeit, die Zölibatsverpflichtung aufzuheben – wenn nicht, dann sei er weg. Er war konsequent, verkaufte sein Auto, um mit dem Geld und nebenher als Taxichauffeur im Nachtdienst ein zweites Studium zu finanzieren. Als wir uns wiedersahen, spürte ich die Bitterkeit bei ihm. Er hatte zwar einen Abschluss geschafft, aber mit der Kirche gebrochen, weil die Pastoral doch letztlich seine Berufung gewesen wäre, er aber auf diesem Feld keinerlei Chance mehr bekommen hatte.

Noch schlimmer wurde es unter Johannes Paul II., als neue Regeln die Laisierung zusätzlich erschwerten. So durfte zum Beispiel niemand mehr unter vierzig Jahren laisiert werden. Zur gleichen Zeit gingen Kinderschänder und Vergewaltiger beichten – wenn überhaupt –, und alles war für sie gut. Am nächsten Tag standen sie wieder der Eucharistie vor, predigten und teilten die Kommunion aus. Nur wenn man ihnen draufkam, mussten sie das woanders tun. Wie aber überlebt ein gut Dreißigjähriger, der wenigstens als Religionslehrer sich gerne engagiert hätte, aber das ohne Laisierung auch in einer fremden Diözese nicht konnte – beruflich und mit Familie? Das war zynisch und menschenverachtend. Gegen solche Belastungen war es schon fast harmlos, dass Papst Paul VI., der Konzilspapst, kein Hardliner, in dem Jahr meiner Entscheidung in seinem Gründonnerstagsbrief, der überall im Gottesdienst vorgelesen wurde, beklagte, „dass so viele aus dem Abendmahlssaal weggehen".

Wie es unter Johannes Paul II. lief, erfuhr mein Bruder, der wie ich um Laisierung bat. Er verdiente als Busfahrer den Lebensunterhalt für sich und seine Familie und hoffte, wenn er Vierzig wäre, die Heiratserlaubnis zu bekommen und dann vielleicht Religion unterrichten zu dürfen. Er wartete über diesen Termin hinaus vergebens. Dann hatte ich einmal in Rom in der Gottesdienstkongregation zu tun. Am Rande fragte ich einen Monsignore, der dort arbeitete, ob er nicht erfahren könnte, was es da noch an Schwierigkeiten gab. Er erkundigte sich beim zuständigen Kollegen und erfuhr, dort gebe es keinen Akt mit dem Namen meines Bruders. Eine Rückfrage beim Heimatbistum ergab, dass das Gesuch, das ja zunächst für Jahre liegenbleiben musste, einfach untergegangen war. Gutmütig ließ mein Bruder die Prozedur der Befragung noch einmal über sich ergehen. Er bekam die Laisierung in wenigen Monaten und direkt danach eine Stelle als Religionslehrer im Heimatbistum.

Genug von solchen Geschichten, von denen ich noch mehr erzählen könnte. Auch Geschichten mit einem Happyend, viel mehr aber von Enttäuschungen und Verbitterung angesichts des Desinteresses, der Schlamperei, von unerträglicher Demütigung und spürbarer Verachtung seitens kirchlicher Stellen und Repräsentanten. Und vom Scheitern von Beziehungen und Ehen, die zerbrachen, von psychischen und körperlichen Erkrankungen und davon, wie der Glaube nicht mehr weitertrug.

Frau eines Priesters

Dass Frauen in vielen Bereichen, nicht zuletzt in der Kirche, bis heute benachteiligt waren und sind, ist eine banale Einsicht. Eigentlich schon lange.

Für die Frau eines Priesters, der sein Amt aufgibt, gilt das in besonderem Maße. Als „Schlange" wurde meine Frau zu der Zeit, als ich gerade dabei war, die Situation zu klären, auf einer anonymen Postkarte bezeichnet – der weitere Inhalt ist in seiner Konkretheit hier nicht wiederzugeben. Was der Absender/die Absenderin übersehen hatte, war der Poststempel auf der Karte von jener Gemeinde, in der zu dieser Zeit mein Pfarrer zusammen mit seiner Haushälterin Urlaub machte. Nun hilft es wenig, wenn man weiß, aus welcher Ecke solche Anfeindungen kommen. Sie tun weh. In einer Situation, in der man ohnehin nicht weiß, was richtig und was falsch ist. Als gläubiger Mensch – ob man gerade tief in Sünde steckt oder dabei ist, sich mit Vertrauen auf einen neuen Weg zu machen.

Die Postkarte war eine der kleinen Kröten, die meine Frau durch ihre Entscheidung für mich und für ein Leben mit mir zu schlucken hatte. Der Umzug nach Innsbruck, zugleich das Kind, das für den

Augenblick die Aufgabe des geliebten Berufs der Lehrerin zur Folge hatte. Später der Umzug nach Trier. Vor dieser Entscheidung, stellten wir ausdrücklich die Frage, ob dort ihre Zeugnisse auch anerkannt würden und zu gegebener Zeit ein neuer Berufseinstieg möglich sei. Natürlich, selbstverständlich, hieß es, war doch die Ausbildung in Österreich und in Deutschland gleich. Doch als es konkret wurde, weil an der Realschule unseres Wohnortes dringend ein Musiklehrer/eine Lehrerin gesucht wurde, und der Rektor von ihr erfahren hatte und sie drängte, an seiner Schule zu unterrichten, wurde es schwierig. Ja, ihre Matura wurde als Abitur anerkannt, aber der Rest … So unterrichtete sie neben verbeamteten Realschullehrerinnen und –lehrern als angestellte Quereinsteigerin mit der Einstufung einer Abiturientin ihre Fächer Deutsch, Sport und Musik. Dabei bekam sie immer wieder Lob von Gymnasiallehrern, weil Schüler, die bei ihr Deutsch hatten, nach dem Überstieg ins Gymnasium dort oft denen voraus waren, die im Gymnasium groß geworden waren. Nicht einmal mehrere Semester am Konservatorium zählten für das Fach Musik als gleichwertig. So waren eben die Gesetze in Rheinland-Pfalz zum Unterschied von Baden-Württemberg und Bayern, wohin Lehrkräfte aus Österreich abgeworben wurden.

Schwerer wog das Gewissensproblem: Bin ich die Verführerin, die Gott seinen Diener entzogen hat?

Bin ich schuld, dass er seinen Beruf aufgegeben hat? Fragen, die einen Menschen, der gut katholisch aufgewachsen ist, ein Leben lang begleiten. Und sich bei besonderen Schicksalsschlägen oder Krankheit neu zu Wort melden: „Ist das jetzt eine Strafe Gottes?“ Die Erziehung und die Gewissensbildung, die unsere Generation genossen hat, hat diesbezüglich einen langen Schatten. Es bedarf einer sehr offenen Auseinandersetzung mit diesen Fragen, damit Folgen nicht zum Verhängnis werden.

Spannend und nützlich

Im Institut an der Universität erwarteten mich zwei große Aufgaben, die sich, was nicht vorauszuahnen war, für meine berufliche Zukunft höchst segensreich erweisen sollten.

Die erste: Der Vorgänger meines Professors Hans Bernhard Meyer SJ, Josef Andreas Jungmann SJ, einer der großen Liturgiker des 20. Jahrhunderts, hatte im Laufe seiner Lehrtätigkeit zunächst eine Handbibliothek angelegt und dann mit viel Geduld im Laufe der Zeit so gut wie die gesamte wirklich wichtige liturgiewissenschaftliche Literatur zusammengetragen. Weil die Menge der Bücher die vorhandenen räumlichen Verhältnisse sprengte, hatte sein Nachfolger eine Erweiterung zu einem eigenen

Institut durchgesetzt. Nun galt es, mehrere tausend Bücher in einer passenden Systematik einzustellen und zugleich einen Schlagwortkatalog zu erstellen. Also jedes Buch in die Hand zu nehmen, Vorwort und Inhaltsverzeichnis durchzusehen, ein oder mehrere Schlagwörter festzulegen und den Ort in den Regalen zu bestimmen, wo es stehen sollte. So bekam ich einen Überblick, was es alles gibt und wo was zu finden ist.

Die zweite Aufgabe: Im Gefolge der Liturgiekonstitution des Zweiten Vatikanischen Konzils erschien eine Unzahl an Dokumenten zu ihrer Umsetzung – gesamtkirchlich, für die einzelnen Sprachgebiete, im deutschsprachigen Bereich von den Bischofskonferenzen Deutschlands Ost/West, Österreichs, der deutschsprachigen Schweiz, der (Erz-)Bischöfe von Luxemburg, Bozen-Brixen, Straßburg, Lüttich. Und dann noch in den einzelnen Diözesen. Niemand hatte mehr einen Überblick und ich den Auftrag, dieses ganze Material zu sammeln. Abgeschlossen und publiziert wurde die Sammlung, als ich schon nicht mehr in Innsbruck war.

Weil mein Professor nebenher Chefredakteur der Zeitschrift für katholische Theologie war, bekam ich auch mit, wie so etwas professionell gemacht wird. Und dann gab es noch einzelne Spezialaufgaben. So war er in Rom an der Erarbeitung des neuen Ritualeteils *Ordo paenitentiae* – „Die Feier der Buße“ beteiligt und bekam den Auftrag, den

Entwurf für die deutsche Fassung zu erstellen, der dann von den zuständigen Gremien zu begutachten und zu verabschieden war. Es bestand großer Zeitdruck, und so arbeiteten wir in einer vierköpfigen Arbeitsgruppe fast Tag und Nacht intensiv. Ich lernte kennen, worauf es bei einem liturgischen Buch ankommt – sprachlich, inhaltlich, mit Blick auf den späteren Gebrauch des Buchs und auf die Zielgruppe. Liturgische Texte müssen ja nicht nur richtig übersetzt sein, sie sollen beim einmaligen Hören den Gläubigen verständlich sein und – nicht bei der Beichte, aber etwa bei der Eucharistiefeier – auch kantillierbar, nicht holperig beim Vortrag und so, dass die Melodie den Inhalt unterstreicht.

Daneben waren da noch die Dissertation und privat die Familie. Es war eine Zeit der Herausforderungen, interessant und schön. Eine Arbeit in der Kirche und für die Kirche, Konflikte eher theoretisch, als Themen zu diskutieren. Im praktischen kirchlichen Leben waren wir gut integriert.

Wie weiter?

Spannend wurde es wieder, als sich die Vertragszeit dem Ende näherte. Wie konnte und sollte es weitergehen? Zurück als Religionslehrer an ein Gymnasium in einer anderen Diözese, da in der eigenen ein solcher Einsatz noch immer nicht möglich war? Ich konnte mir das vorstellen, da ich sehr gerne unterrichtet hatte. Aber ich hatte immer schon gedacht, dass man irgendwann nach vierzig vielleicht besser etwas Anderes täte. Und wozu hatte ich mich jetzt jahrelang so intensiv mit Liturgie beschäftigt?

Ich begann, die Fühler auszustrecken. Bei einer Diözese – so etwas wie Liturgiereferent angesichts der Aufgaben, die gerade auf diesem Gebiet in der Gemeindearbeit anfielen? Schön wär's gewesen, doch konkrete Möglichkeiten taten sich keine auf. Als Lektor in einem Verlag? Es gab Kollegen, die so unterkamen. Doch diese Stellen waren gerade besetzt. Es wurde allmählich brenzlig.

Just in diesem Augenblick erreichte ein Hilferuf aus dem Deutschen Liturgischen Institut (DLI) in Trier meinen Chef. Konkret ging es um die Zeitschrift „Liturgisches Jahrbuch". Es war mit seinem Erscheinen bereits ein Jahr im Verzug. Der Chefredakteur und der Verlag gaben sich gegenseitig die Schuld an den immer neuen Verzögerungen. Es brauchte einen Neustart. Eigentlich war die Redaktion ein Ehrenamt gewesen. Eine eigene finanzierte Stelle gab es dafür auch jetzt nicht. Wohl aber war eine andere Stelle im DLI unbesetzt, weil deren Inhaber, Adalbert Kurzeja OSB, von seinen Mitbrüdern zum Abt von Maria Laach gewählt worden war.

Für seine Aufgaben fehlte jemand. Die Leitung der Übersetzergruppe für liturgische Texte, die

Erstellung von Vorlagen für die Internationalen Arbeitsgemeinschaft der Liturgischen Kommissionen im deutschen Sprachgebiet (IAG), die Begleitung der Erstellung und Formulierung der Eigentexte der Diözesen zur Feier ihrer Heiligen, Kalenderfragen, die Beantwortung vielfältiger Anfragen, … Es war viel, was die vorhandenen Kräfte nicht einfach zusätzlich zu ihren eigenen Aufgaben nebenher leisten konnten. Für den Leiter des Instituts war die Information meines Chefs, da sei ein Assistent, der eine Aufgabe sucht, ein Geschenk des Himmels.

Ich fuhr nach Trier, und wir wurden schnell einig. Wenige Monate später gaben wir die Wohnung in Innsbruck auf und zogen um. Es war ein großer Schritt für uns alle. Die Freunde blieben zurück. Unsere ältere Tochter im Kindergartenalter litt sehr darunter. Da war nicht mehr die Julia, die Maria, die Petra, der Thomas, mit denen sie viel Zeit verbracht hatte, da sich die Mütter jeweils in der Betreuung dieser privaten Gruppe abwechselten, damit jede von ihnen auch noch etwas anderes unternehmen konnte.

Herausforderungen

Neue Herausforderungen

Ich begann mit der Arbeit in Trier. Vom ersten Tag an mit Aufgaben, die ich noch nie gemacht hatte. Weitgehend ohne dass mir jemand sagte, wie was zu erledigen ist. Das war anspruchsvoll, aber ungemein spannend. Die Bearbeitung der deutschen Eigentexte des Messbuchs zu den diözesanen Heiligen und Seligen und der lateinischen Fassungen, die nach Rom zu schicken waren, waren für mich völliges Neuland. Ein Nachmittag, den mir mein Vorgänger und inzwischen Abt von Maria Laach schenkte, musste genügen, um in diese Aufgabe hineinzufinden. Vorlagen für die IAG zu den Dingen, die neu von Rom kamen, unter anderem ein Übersetzungsentwurf der Feier der Jungfrauenweihe – niemand hatte Lust, den zu erstellen. Es gab viel zu tun. Daneben Anfragen zu allen möglichen Themen: Was gilt, was darf man, was ist verboten? Warum? Wo steht das?

Zugute kam mir alles, was ich als Assistent zu tun gehabt hatte. Die Kenntnisse der liturgiewissenschaftlichen Literatur. Man muss ja nicht alles selbst wissen, wenn man weiß, wo was zu finden ist. Für die Anfragen und für die Erstellung von Vorlagen, welche Regelungen es wo gibt. Bei

Übersetzungsarbeiten die Erfahrungen mit der Übersetzung des Ritualeteils zur Feier der Versöhnung. Für die Arbeit am „Liturgischen Jahrbuch“, dass ich gesehen hatte, wie mein Chef die „Zeitschrift für katholische Theologie“ machte. Innerhalb eines Jahres hatte ich den kompletten Rückstand von einem Jahr aufgeholt und war genau im Zeitplan.

Für mich überwältigend war, dass man mir, dem laisierten Priester, das alles zutraute. Gerne hätte ich das zum Ausdruck gebracht, aber dieses Thema war tabu.

Hoppla!

Am Rande bekam ich nach einigen Wochen mit, dass meine Anstellung noch der Zustimmung der Deutschen Bischofskonferenz bedurfte. Der Erste Vorsitzende des Liturgischen Instituts e.V., der Bischof von Trier Bernhard Stein, hatte diese vorausgesetzt und unter dem zeitlichen Druck seine Zustimmung gegeben. Die Bischofskonferenz sagte Nein, wie ich nachträglich erfuhr. So stand es im Protokollentwurf der betreffenden Sitzung, den die Bischöfe zunächst erhielten, um gegebenenfalls einzelne Punkte zu präzisieren. Der Bischof schrieb einen demütigen Brief an den Vorsitzenden der DBK und bat ihn, den Punkt aus dem Protokoll herauszunehmen. Er habe mich und meine Familie nach Trier geholt und könne mich nun nicht einfach entlassen. Im gedruckten Protokoll stand zu dem Thema dann nichts mehr. Ich war gerettet.

Mein erster Trierer Bischof Bernhard Stein

Meine erste Erfahrung mit Bischof Bernhard Stein bezieht sich auf die erste Fahrt mit meiner Frau nach Trier, um mit ihr zusammen zu entscheiden, ob wir den Schritt dorthin machen sollten. Es war am 1. Mai 1978, als wir nach dem Frühstück im Hotel in die Stadt gingen. Genau, als wir am Hauptmarkt mit Blick zum Dom standen, rief das Domgeläut mit allem, was es zu bieten hat, zum Gottesdienst anlässlich des Domweihfestes. Wir folgten der Einladung.

Der Dom war gesteckt voll von Menschen. Der Bischof begrüßte und sprach nicht, wie ich bei dem Anlass erwartete, von der Bedeutung dieses ältesten Doms nördlich der Alpen, nicht von den Gemäuern, die bis auf die Zeit des Kaisers Konstantin zurückgehen. Er sprach von den Arbeitslosen im Saarland, einem Teil seines Bistums, von der großen Zahl, von der gerade in den Tagen zuvor die Presse berichtet hatte. Seine Gedanken waren bei ihnen und ihren Familien. Ich war beeindruckt.

So habe ich ihn immer wieder erlebt. Den Menschen zugewandt. Um Kosten für das Institut zu sparen, durften wir in seinem Auto mit zu Sitzungen der Liturgiekommission (LK) und der IAG fahren. Das waren lange Fahrten, bei denen sich auch manches private Gespräch ergab. Immer wieder fragte er der Familie nach.

Bei einer Gelegenheit, bei der wir als Familie ihm begegneten, erkundigte er sich bei meiner Frau, wie es ihr gehe. Nicht mit einem formelhaft „Wie geht's?", sondern spürbar interessiert. Sie sagte ihm, dass wir dankbar seien, dass ich trotz der Laisierung die Anstellung im Institut gefunden hatte. Das sei auch für sie als Frau des ehemaligen Priesters gut. Worauf er ganz spontan zu ihr sagte, sie brauche als solche kein schlechtes Gewissen zu haben. Es sei alles gut. Das war für sie, für uns ein wertvolles Wort.

In Sitzungen habe ich ihn als guten Zuhörer erlebt. Manchmal wollte er auf der Heimfahrt auch unsere ganz persönliche Meinung und Einschätzung zu Sitzungsthemen und zu ganz anderen Fragen wissen. Erzählt wurde von ihm, er habe als Stellvertretender Vorsitzender der Synode der Bistümer der Bundesrepublik Deutschland in Würzburg einmal die Versammlung vor einem Eklat, wenn nicht gar vor dem Scheitern gerettet mit dem Satz: „Bitte, Sie müssen uns Bischöfen Gelegenheit geben zu lernen."

Wie kann das sein?

Heute steht Bischof Stein als Vertuscher sexuellen Missbrauchs durch Priester öffentlich am Pranger. Der nach ihm benannte Platz wurde wieder umbenannt.

Tatsächlich hat er verbrecherische Priester nicht ganz aus dem Verkehr gezogen. Ich erinnere mich auch an ein Gespräch beim abendlichen Glas Wein zwischen ihm und einem bischöflichen Mitbruder mit ungefähr folgendem Wortlaut: „Ich habe da so einen Priester – kann ich den nicht euch schicken?" Worauf der antwortete: „Wir haben selbst nicht genug Bibliotheken, Archive und Schwesternhäuser, um alle unterzubringen." Beide hatten nur die ihnen bekannten Priester im Blick und wollten verhindern, dass diese weiter ihr Unwesen trieben. Sie sahen nicht deren Opfer, die sie nicht kannten.

Einen systemischen Grund für diesen blinden Fleck in der Wahrnehmung sehe ich in dem Mechanismus von Sünde und Vergebung, wie er in der seinerzeitigen Tatmoral und der Beichtpraxis funktionierte: Sünde – Reue – Beichte – Absolution – alles ist gut! In diesen Mechanismus haben sich Priester täglich neu eingeübt im Gebet des *Confiteor*, das sie damals mindestens zweimal am Tag – bei der Messe und bei der abendlichen Komplet – gebetet haben. Was wurde da gebetet?

„Ich bekenne“ – wem?
„Gott, dem Allmächtigen, und allen Brüdern und Schwestern“
Was?
„dass ich Gutes unterlassen und Böses getan habe“
Wie?
„in Gedanken, Worten und Werken“
Ja, und?
„durch meine Schuld, durch meine Schuld, durch meine große Schuld“
Was ist die Konsequenz?
„Darum bitte ich die selige Jungfrau Maria, alle Engel und Heiligen und euch, Brüder und Schwestern“
Worum?
„für mich zu beten, bei Gott, unserem Herrn.“

Die Opfer meines sündigen Tuns oder Unterlassens kommen nicht vor. Es geht nur um mich. Um meine Verantwortung – vor Gott, der ich nicht gerecht geworden bin. Damit er mir gnädig sei, sollen Maria, alle Engel und Heiligen und alle Brüder und Schwestern für mich einstehen.

Kein Wort bezüglich meiner Verantwortung für den Schaden, den ich angerichtet habe, kein Gedanke an Wiedergutmachung oder an Heilung von Verletzungen.

Selbst bei der Fürbitte nicht einmal ein Gedanke, auch für die Geschädigten zu beten. Nein, Maria, alle Engel und Heiligen und alle Brüder und

Schwestern sollen für mich beten. Es geht um mich, nur um mich, um mein Heil! Das soll gesichert werden, dann ist alles wieder gut.

Diesem sehr allgemein gehaltenen Bekenntnis folgt unmittelbar die trostvolle Bitte: „Der allmächtige Gott erbarme sich unser. Er lasse uns die Sünden nach und führe uns zum ewigen Leben. Amen." Keine Konsequenzen. Im Vertrauen, dass er das Erbetene tun wird, konnte man beruhigt schlafen.

Heute weiß man, dass Missbrauchstäter nicht selten selbst zunächst Opfer von Missbrauch gewesen waren. Vertuscher waren auch Opfer der Spiritualität, die ihnen vermittelt worden war und die sie sich zu eigen gemacht hatten.

Vertrauen

Bischof Hermann Josef Spital

Nachdem Bischof Stein aus Altersgründen zurückgetreten war, bekamen die Liturgiekommission und das Deutsche Liturgische Institut mit Bischof Hermann Josef Spital einen neuen Vorsitzenden. Er war vom Fach, hatte selbst eine Dissertation in Liturgiewissenschaft geschrieben. Er war an der Sache persönlich sehr interessiert und sah die Bedeutung der Liturgie für die gesamte Pastoral. Wo sonst begegnen ähnlich viele Menschen der Kirche, noch dazu in ihrem innersten Bereich und ihrem wesentlichsten Handeln. Nicht umsonst hat das Konzil gesagt: „Die Liturgie ist der Höhepunkt, dem das Tun der Kirche zustrebt, und zugleich die Quelle, aus der all ihre Kraft strömt.“ (Liturgiekonstitution, Art. 10)

Bischof Spital war klar, dass die Liturgische Erneuerung, zu der die Liturgiekonstitution den Anstoß gegeben hatte, nach zwanzig Jahren noch keineswegs abgeschlossen war. Das Argument, dass es nach etwa zwei Jahrzehnten Erfahrungen mit den erneuerten Riten und mit der Volkssprache in der Liturgie an der Zeit sei, diese Erfahrungen auszuwerten und gegebenenfalls Vorschläge für eine Revision zu machen, leuchteten ihm ein. Zumal auch die Gottesdienstkongregation die Vorsitzenden und Sekretäre der nationalen Liturgiekommissionen aus der ganzen Welt zusammengeholt hatte, um ein Fazit zu ziehen und Überlegungen zu den nächsten Schritten anzustellen. Dort war viel zu spüren von dem, was weltweit gut lief und was noch ausstand. Für den Bischof ein Ansporn, im deutschen Sprachgebiet die Erneuerung voranzubringen, für mich als beobachtenden Journalisten von höchstem Interesse.

Das größte Projekt dieser Art sollte eine breit angelegte Überarbeitung des Messbuchs sein. Die IAG richtete die „Studienkommission für die Messliturgie und das Messbuch" ein. Ein Projekt, in dem rund siebzig Fachleute aus Theologie, Liturgiewissenschaft, Germanistik, Musikwissenschaft und Seelsorger über ein Jahrzehnt hinweg Vorschläge für eine Revision erarbeiteten. So war Bischof Spital: nach vorne denken, ohne Angst vor Neuem. Typisch für ihn war das Vertrauen, das ihm auch zum Verhängnis werden sollte, da es an einer Stelle, an der es um viel Geld ging, missbraucht wurde.

Für mich war sein Vertrauen eine ganz besondere Erfahrung.

Vertrauen

Die Liturgiereform hatte die tätige Teilnahme aller, die die Liturgie mitfeiern, zu einem ihrer höchsten Prinzipien erhoben. Zuvor musste der Priester alle

Texte selbst sprechen. Das war notwendig für den gültigen und erlaubten Vollzug. So musste er zum Beispiel beim Hochamt das Gloria selbst sprechen, auch wenn der Chor es zugleich und viel länger lateinisch sang. Und schon gar nicht „galt“ es, wenn die Gemeinde den Text deutsch betete.

Die neue Regel führte bald zu Konflikten mit Kirchenmusikern. Zwar war durch sie ihr Part und vor allem die Aufgabe der Kirchenchöre gewaltig aufgewertet, aber es entstand neuer Streit. Die Chöre waren mit ihren mehrstimmigen Messkompositionen wieder nur Stellvertreter der übrigen Gemeinde, die sich ihren Gesang anzuhören hatte, ohne selbst aktiv zu sein. Da half auch keine Beschwichtigung etwa durch den Begriff „Mitvollzug durch aktives Hören“. Dazu kam die Dauer mancher Gesänge bei „Orchestermessen“. Es kam zu Kleinkriegen zwischen Pfarrer und Kirchenchor, indem etwa ein Pfarrer über Mikrofon und Lautsprecher mit der Einleitung zur Präfation lautstark dem Chor in die Motette fuhr, die dieser noch sang, während die Gabenbereitung, die sie begleiten sollte, längst abgeschlossen war.

Es gab Verbote und in Einzelfällen umgekehrt Streik bis hin zu Austritten aus dem Chor. Insbesondere der Allgemeine Cäcilienverband und eine Gruppe von Domkapellmeistern kämpften für ihr Recht, auch anspruchsvolle und umfangreiche Kompositionen nicht nur als Konzert, sondern auch in ihrem ursprünglichen Zusammenhang, in der Liturgie, aufführen zu dürfen. Selbst um Konzerte in Kirchen gab es Streit, wenn nicht nur ursprünglich für den Gottesdienst geschaffene Werke, z. B. „weltliche“ Instrumentalmusik, aufgeführt wurden oder werden sollten. In dieser aufgeheizten Stimmung veröffentlichte die Kongregation für den Gottesdienst und die Sakramentenordnung 1987 eine Erklärung über Konzerte in Kirchen, die durch klare Kriterien Sachlichkeit und Ruhe in die Debatte bringen sollte.

Zu dem neuen Dokument wollte die Katholische Nachrichtenagentur (KNA) unmittelbar nach deren Erscheinen ein Interview mit dem Vorsitzenden der LK. Bischof Spital war terminlich dazu nicht in der Lage und rief in unserem Institut an, doch der Leiter war verreist. So kam sein Anruf zu mir. Ich soll es für ihn machen. Auf meine Frage, wohin der Text zur Autorisierung gefaxt werden könne, sagte er: „Ich lese morgen in der KNA, was ich gesagt habe.“ Bei einer späteren Begegnung bedankte er sich noch einmal ausdrücklich. Dieses Vertrauen in mich, einen laisierten Priester, berührte mich sehr.

Wenn heute ein Kardinal vor Gericht aussagt, dass er Dokumente von großer Tragweite unterzeichnet, ohne ihren Inhalt zu kennen, zeigt sich darin eine systemische Überforderung aufgrund einer exzessiven Konzentration der Macht. Die Konsequenzen sind ein massiver Vertrauensverlust. Weil der, der die Macht hat, nicht mehr weiß, worüber er entscheidet, kommt es zu Fehlentscheidungen, für die niemand geradesteht. Bischof Spital las am nächsten Tag, was unter seinem Namen erschienen war.

Offen und ohne Vorbehalt

Prickelnd wurde es, als sechs Jahre nach Beginn meiner Tätigkeit der Chefredakteur der Zeitschrift „Gottesdienst" das Institut verließ, um anderswo Karriere zu machen. Er hatte rechtzeitig gekündigt, damit ein Nachfolger gefunden werden sollte, hatte auch noch einmal verlängert, als dies noch nicht gelungen war, war aber dann doch gegangen. Zwar seit langem absehbar, aber doch von heute auf morgen war niemand mehr da, der die Arbeit machte. Doch die Zeitschrift musste termingerecht erscheinen. Da ich am meisten Redaktionserfahrung hatte, wenn auch mit einer wissenschaftlichen Zeitschrift, die viermal im Jahr erschien, wurde mir die Aufgabe übertragen, das alle zwei Wochen erscheinende Organ mit Zeitungscharakter „kommissarisch" zu machen, bis ein Nachfolger gefunden wäre.

Aber da gab es ein Problem: Ein laisierter Priester als Chefredakteur einer Zeitschrift, die sich vor allem an Priester wendet, war heikel. Schon die mit der Laisierung erteilten Auflagen sprachen dagegen. Wer im eigenen Bistum nicht einmal Religionslehrer sein und keinesfalls auch nur die kleinste Lehrveranstaltung an einer Theologischen Fakultät halten dürfte – wie soll der für Inhalt und Form einer Zeitschrift verantwortlich sein, die Priester im gesamten deutschen Sprachraum auf ihrem ureigenen Gebiet, der Liturgie, beraten und fortbilden soll?

Es war absurd, welche Ideen entwickelt wurden. Ein Pseudonym? Ich wehrte mich. Ein Chefredakteur lebt bei seiner Arbeit von Kontakten. Schriftlich, am Telefon, bei Veranstaltungen als Teilnehmer oder als Referent, ... Außerdem war in meinen Heimatbistümern mein Name und mein Lebensweg beim Klerus bekannt. Das ließ sich nicht geheim halten.

Als Lösung wurde eine erweiterte Redaktion geschaffen. Sie sollte aus drei Personen bestehen: dem hochangesehenen emeritierten Professor für Liturgiewissenschaft an der Theologischen Fakultät in Trier, Balthasar Fischer, seinem Nachfolger Professor Andreas Heinz und mir. Die beiden Herren waren einverstanden und nahmen es auf sich, jeweils die letzte Korrekturfassung vor der Druckfreigabe zu lesen, um noch eingreifen zu können, falls etwas Unzulässiges in dem Heft gestanden hätte. In diese Verlegenheit kamen sie nicht. Ich war und bin ihnen dankbar dafür, dass sie gegebenenfalls ihren Kopf hingehalten hätten, um von der Zeitschrift und von mir Unheil abzuhalten. Die Konstruktion sollte halten, bis ein neuer Schriftleiter gefunden war.

Nur ein Punkt war noch zu klären. Die Bischofskonferenz war zu informieren. Da war mit Vorbehalten zu rechnen. Der Bischof sagte: „Ich denke, ich krieg das hin.“ Und so war es auch.

Widerstände

Ein anderer Wind

Ein herber Schnitt ergab sich durch den nächsten Wechsel im Vorsitz der Liturgiekommission, als Kardinal Meisner von Berlin von Papst Johannes Paul II. als Erzbischof nach Köln berufen wurde. Nach den Gepflogenheiten der Bischofskonferenz sollte er als solcher den Vorsitz einer Kommission bekommen. Zufällig frei war zu dieser Zeit die Publizistische Kommission.

Wie er selbst wiederholt erzählte, sahen er und seine Mitbrüder ein Problem darin, dass er, der aus dem Osten kam – es war vor der deutschen Wiedervereinigung –, schlecht vorbereitet war für den Umgang mit westlichen Medien. Bischof Spital war bereit, zu seinen Gunsten auf den Vorsitz der Liturgiekommission zu verzichten, und übernahm stattdessen die Publizistische Kommission. In Bezug auf Liturgie ist ja jeder Geweihte kompetent. Es kam auch vor, dass bei der Vergabe einer Professur für Liturgiewissenschaft die Priesterweihe höher gewertet wurde als die Habilitation eines Laien.

Am Institut war ich nicht der einzige Laisierte. Ein Kollege war Jesuit und Sekretär der Liturgiekommission der Indonesischen Bischofskonferenz gewesen, hatte geheiratet und war zwei Jahre vor mir ans Institut gekommen, als ebenfalls dringend ein kompetenter Mitarbeiter gesucht worden war. Ein dritter war Ordensmann gewesen, hatte zusätzlich zur Theologie Musik studiert und brachte seine diesbezügliche Kompetenz ein.

Darüber wurde natürlich auch Kardinal Meisner bei der Übernahme seiner neuen Funktion unterrichtet. Er war der Meinung, dass unsere Anstellung nicht rechtens sei. Dafür konnte er die Laisierungsbestimmungen ins Treffen führen. So war der Hinweis notwendig, dass eine Kündigung nach einer langjährigen Beschäftigung und Bewährung spätestens vor dem Arbeitsgericht scheitern würde, sofern nicht ein schweres Dienstvergehen vorlag. Seine Einstellung zu Laisierten kam auch einmal zum Ausdruck, als ihm das Wort vom „abgefallenen Priester" herausrutschte. Auch wenn damit kein Anwesender gemeint war – unsere Blicke kreuzten sich in diesem Augenblick.

In diesem Zusammenhang erinnere ich mich auch daran, wie ich einmal beim abendlichen Glas Wein vom Nebentisch beiläufig hörte, das Institut sei ein „Asyl für Zölibatsflüchtlinge". Ich fand, dass es gut ist, dass es ein Asyl gibt, wo Menschen in Not Zuflucht finden. Und überleben.

Klerikalismus

Der neue Geist, der mit dem Wechsel in die Liturgiekommission einzog, war dort und in der Folge auch in der Arbeit des Instituts schnell zu spüren. In der Liturgiekommission wechselten bei der ersten turnusgemäßen Neubesetzung auffällig viele Gesichter. Es war zu erkennen, dass es bei Abstimmungen künftig wenig Gegenstimmen geben würde zu dem, was der Vorsitzende vorgab. Auch seine Moderation ließ kaum Zweifel aufkommen. Da wurde nicht einfach ein Sachverhalt vorgestellt, über den dann Argumente auszutauschen waren, sondern der Vorsitzende gab oft gleich bekannt, welcher Meinung er sei. Die dann folgende Diskussion hätte man sich sparen können. Denn das Ergebnis stand schon fest.

Ein typisches Beispiel war das sogenannte „Laienpapier“. Was können Laien liturgisch aufgrund von Taufe und Firmung? Das war ursprünglich die Frage gewesen. Denn schon damals nahm die Zahl der Priester ab. Gottesdienste unter der Verantwortung und Leitung von Laien waren vor allem werktags und da und dort auch sonntags der einzige Weg, dass Kirchen nicht kalt blieben. Inzwischen ist die diesbezügliche Entwicklung rasant weitergegangen.

Ein Professor, der früher Mitarbeiter der Gottesdienstkongregation gewesen war und die Anliegen des Konzils aus erster Hand kannte, hatte einen Entwurf verfasst. Dieser war allerdings aufgrund vordringlicher Aufgaben liegen geblieben. Jetzt wurde er wieder hervorgeholt, doch die Fragestellung war nun eine andere. Nicht mehr: Was können Laien, sondern: Was dürfen Laien nicht? Zum Beispiel einen Gottesdienst vom „Vorstehersitz" aus leiten. Dieser heißt nun „Priestersitz" und ist eine Art kleine Kathedra, dem Priester vorbehalten wie dem Bischof die seine im Dom. Ihr Dienst heißt nicht mehr „vorstehen", sondern „leiten". Oder: In der Haltung der Orante, also mit ausgebreiteten Armen, ein Gebet sprechen. So haben die Gläubige schon in der Alten Kirche gebetet, wie Bilder aus den Katakomben zeigen. Das darf nur noch der Priester und der Diakon. Oder: Wenn Laien segnen, das Kreuzzeichen über die betreffenden Menschen machen. Das darf die Mutter bei ihrem Kind, aber nicht die Gottesdienstleiterin über die Versammelten.

Zuvor hatte der Grundsatz gelautet: Im Gottesdienst soll jeder das, was an der Stelle sinnvoll und gefordert ist, so tun, wie es dem Inhalt entspricht. Also leiten von dem Platz aus, der dafür vorgesehen ist. Segnen, wie man eben segnet. In der Haltung beten, die dem betreffenden Gebet entspricht. Dieses Prinzip war damit abgeschafft. Angeblich hätte es zu einer „Klerikalisierung der Laien" geführt, die mit allen Mitteln zu verhindern sei. Eine Killerphrase. Sonntags gottesdienstlose Kirchen haben viele Gründe, aber die Geringschätzung des ehrenamtlichen Engagements für ein gottesdienstliches Leben ist nicht ohne Wirkung geblieben.

Frauen und Liturgie

Ein heißes Thema war zu dieser Zeit die Frage, ob Mädchen ministrieren dürfen. Vielerorts gab es heftige Auseinandersetzungen, auch oft tiefe Enttäuschungen. Auch verlangten Frauen, dass sie ausdrücklich genannt werden, wenn sie gemeint sind, und sich nicht bei der Anrede „Brüder“ mitangesprochen fühlen müssen. Dem wachsenden Druck verschloss sich der Kardial nicht, sondern war einverstanden, dass das Deutsche Liturgische Institut im Auftrag der Liturgiekommission 1990 zusammen mit der Katholischen Frauengemeinschaft Deutschlands (kfd) eine Tagung „Frauen und Liturgie“ veranstaltete.

Für mich war es die spannendste Tagung meines Lebens. Bereits in der Vorbereitung prallte ich, da ich für die liturgische Seite verantwortlich war, mit der Kollegin von der Frauenseite hart zusammen. Zu verschieden waren unsere Ansätze. Ich stellte mir eine Tagung nach dem gewohnten Muster vor mit Referaten, anschließender Diskussion und Gruppengesprächen. Die Frau dachte von allen Teilnehmerinnen her, die ihre Kompetenzen und

Erfahrungen einbringen sollten. Das Ergebnis der Vorbereitung war ein überladenes Programm, das Beides umsetzen sollte.

So krachte es auch schon in den Kennenlern-Gruppen am Beginn, weil deutlich wurde, dass liturgische Fachkompetenz nicht höher zu bewerten ist als menschliche und speziell weibliche Erfahrung. Mit der Kollegin von der kfd verstand ich mich trotz der vorangegangenen Auseinandersetzungen von der ersten Minute der Tagung an bestens, da diese für uns beide ein Erfolg werden musste.

Das wurde sie auch in mehrfacher Hinsicht. Es gelang den Frauen, uns zu vermitteln, wie ernst die Frage einer geschlechtergerechten Sprache ist, wie tief viele Verletzungen aufgrund von Diskriminierung reichen. Mir persönlich wurde klar, wie erbärmlich, ja geradezu lächerlich die meisten stets wiederholten Argumente für die traditionellen Positionen in diesen Fragen sind. Ich begann zu ahnen, warum Frauen sich benachteiligt fühlten und warum sie auf Änderungen drängten, die heute selbstverständlich sind. Auch die Ämterfrage kam zur Sprache. Ich begegnete in den persönlichen Gesprächen, die weit bis nach Mitternacht dauerten, mindestens drei Frauen, denen ich abnahm, dass sie sich zum priesterlichen Dienst berufen fühlten. Eine andere Teilnehmerin, mit der ich ein langes Gespräch hatte, wurde viele Jahre später exkommuniziert, weil sie im kleinen Kreis einer Eucharistiefeier vorstand.

Der Erfolg auf Seiten der Liturgie ereignete sich im Nachgang. Dass bei der Neuausgabe des „Gotteslob" immerhin fünfzehn Lieder verändert wurden, damit Frauen nicht weiterhin „Lasst uns loben, Brüder loben …" singen müssen, war nur auf dem Hintergrund dieser Tagung denkbar und durchsetzbar. Ebenso die Änderung im Messlektionar, dass vor den Lesungen aus den Apostelbriefen seither die Anrede nicht mehr nur „Brüder", sondern „Schwestern und Brüder" oder „Brüder und Schwestern" lautet. Schließlich enthält die Neufassung des ursprünglichen „Schweizer Hochgebets", das „Hochgebet für Messen für besondere Anliegen", zwei Formulierungen, die über die reine Übersetzung des lateinischen Textes hinausgehen. Dort heißt es: „Durch ihn (Jesus Christus) führst du deine Söhne und Töchter zusammen zu einer einzigen Familie" und an einer anderen Stelle: „Sein (Jesu) Leben und seine Botschaft lehren uns, dass du für deine Kinder sorgst wie ein guter Vater und eine liebende Mutter." Weder die Töchter noch die Mutter stehen im lateinischen Original. Die Zustimmung dazu war damals für nicht wenige Bischöfe ein gewaltiger Sprung. Sogar die römische Kongregation für den Gottesdienst konnte dafür gewonnen werden, diese Übersetzung zu konfirmieren.

Zuhause stellte meine Frau bereits wenige Tage nach der Tagung fest, ich sei ein Feminist geworden. Das wurde für mich zu einem Anspruch, dem ich seither gerecht zu werden versuche.

Konsequenzen für die Arbeit

Der neue Stil, in dem Kardinal Meisner die Arbeit der Liturgiekommission prägte, hatte schwerwiegende Konsequenzen. Eine Besonderheit der LK war bis dahin gewesen, dass die Referenten des Instituts, also die Arbeitsebene, an den Sitzungen der Kommission teilnehmen durften. Natürlich ohne Stimmrecht. Das kam daher, dass bei der Umsetzung des Konzils der Liturgie eine besondere Bedeutung zukam: Hier gab es die meisten Änderungen, die unmittelbar in der Praxis für alle Gläubigen spürbar waren. Die Fülle des Materials hätte den Vorsitzenden und selbst den Sekretär der Kommission heillos überfordert, wenn sie alles vorstellen, erklären und begründen hätten müssen. Es waren einfach viel zu viele Details. Darum also waren wir dabei, konnten sachlich zu allem Auskunft geben, Probleme vorstellen, nach Weisungen fragen, wo unklar war, wohin die Reise gehen sollte. Eine Win-win-Situation.

Zugleich hatte die LK mit „Gottesdienst“ ein Organ, das immer hochaktuell und absolut zuverlässig aus erster Hand informierte. Der Redakteur wusste, was Sache ist, was ansteht. Außerdem hatte er regelmäßig unmittelbar Kontakt zu denen, die Entscheidungen zu treffen hatten, und zu ihren Beratern, also Fachleuten aus unterschiedlichen Bereichen. Damit zu den bestmöglichen Autoren für die Zeitschrift.

Die Vorstellungen des Kardinals gingen in eine andere Richtung. „Wozu habe ich eigentlich Berater", fragte er einmal, als niemand bereit war, eine Aufgabe zu übernehmen, von der alle überzeugt waren, dass sie in die falsche Richtung ging.

Wir durften nicht mehr dabei sein.

Die Studienkommission für die Messliturgie und das Messbuch wurde eingestellt und ihre Arbeit ins Archiv versenkt. Eine neue Kommission wurde errichtet, die nach römischen Vorgaben die Gebete des Messbuchs nicht nur wortwörtlich, sondern auch bis in den Satzbau hinein exakt übersetzen sollte. Kein Wunder, dass die Bischofskonferenzen nicht bereit waren, das Ergebnis zu approbieren, sondern der Meinung waren, dass die bereits mehr als 30-jährige Messbuchübersetzung immer noch wesentlich besser sei.

Unter gnadenloser Aufsicht

Höchste Vorsicht war geboten bei der Arbeit des Instituts, dessen Erster Vorsitzender satzungsgemäß der Bischof von Trier ist, das aber durchaus von der Bischofskonferenz abhängig ist. Irgendwann erfuhr ich, dass es jemand gab, der jede Nummer von „Gottesdienst“ daraufhin las, ob etwas in dem Heft stand, das man als Fehler verstehen konnte. Die entsprechenden Infos an den Kardinal wurden penibel in einem eigenen Ordner gesammelt.

Einmal gab es wegen eines kleinen Beitrags in „Gottesdienst“ einen Zwischenfall. Als der Altkatholische Bischof Sigisbert Kraft starb, schrieb ich für ihn einen kurzen Nachruf. Ich war ihm öfters begegnet und schätzte ihn sehr. Zwei Tage, nachdem der Text erschienen war, hatte ich einen wutentbrannten Kardinal an der Strippe. Das sei doch unmöglich, der sei doch ein Häretiker gewesen. „Ja! War er ein Häretiker?“ Ich wagte, vorsichtig darauf hinzuweisen, dass der Bischof auch ein angesehener Liturgiker und Hymnologe gewesen sei und als Liedautor auch im „Gotteslob“ stehe. So wie auch andere „Häretiker“, zum Beispiel Martin Luther und Paul Gerhardt. Beruhigt hat das den Kardinal nicht.

Wie berechtigt die Vorsicht war, zeigte sich, als es um meine Nachfolge als Chefredakteur von „Gottesdienst“ ging. Da ich neben der Redaktionsarbeit, die für meinen Vorgänger der volle Beschäftigungsumfang gewesen war, meine bisherigen Aufgaben behielt und es dafür keinen Nachfolger gab, drängte ich darauf, doch weiter nach einem neuen Chefredakteur zu suchen. Und dann noch verstärkt, als es für mich auf das Rentenalter zuging. Es gab einen Bewerber, der die besten Voraussetzungen für die Tätigkeit mitbrachte. Er war Liturgiewissenschaftler und langjähriger Chefredakteur einer anderen pastoralliturgischen Zeitschrift und bereit, nach Trier zu übersiedeln. Unmittelbar bevor der Vertrag unterschrieben wurde und als sich die Familie bereits um eine Wohnung in Trier umzusehen begonnen hatte, erschien in jener Zeitschrift, die zu der Zeit von seiner Frau redigiert wurde, eine Fürbitte mit dem Wortlaut „Für die Bischöfinnen und Bischöfe aller christlichen Kirchen ...".

Jemand machte den Kardinal darauf aufmerksam und das genügte. Jene Fürbitte gab den Ausschlag, dass alles abgeblasen wurde. Für den Kollegen eine herbe Enttäuschung.

„Die heilige Mutter Kirche"

Ein vom Kardinal gern gebrauchtes Wort war „die heilige Mutter Kirche". Immer wieder habe ich dann gedacht: Meine Mutter ist sie nicht. Sie war nicht mit mir schwanger und hat mich nicht unter

Schmerzen geboren. Als ich als Erwachsener mein Leben neu sortierte, hat sie das nur geduldet, indem sie mich mit der schwersten Kirchenstrafe für einen Priester belegt hat. Lebenslänglich. Wenn „Mutter", dann also „Rabenmutter". Sie durfte ja nicht wissen, dass mehrere ihrer Söhne, meiner Brüder, sogar gegen den erklärten Willen anderer – einer Mehrheit – mir die Möglichkeit eröffneten, weiterhin in der und für die Familie dieser „Mutter" zu arbeiten mit allem, was ich zu bieten hatte.

Bei sich zuhause hatte der Kardinal einen Ordner mit Dokumenten über „Brüder im Nebel". Zu diesen habe ich einen ganz persönlichen Bezug. Er wurde öffentlich, als bekannt wurde, dass Missbrauchstätern, die ein weltliches Gericht trotz nachgewiesener Verbrechen nicht mehr verurteilen kann, die zuständige römische Kongregation rät, um Laisierung anzusuchen. Dann wird ihnen diese umgehend gewährt. Das erspart ihnen und der Kongregation jeweils einen peinlichen Prozess. Über mich wurde die gleiche Strafe verhängt, weil meine Frau und ich das Sakrament der Ehe eingehen wollten. Damit stehe ich kirchenrechtlich mit den Verbrechern auf der gleichen Ebene.

Kardinal Meisner hatte eine klare Vorstellung von dem, was Kirche ist. „Hier ist Petrus!" hat Papst Johannes Paul II., der oberste Hirte, bei seinem ersten Deutschlandbesuch gerufen. Unter ihm gibt es die heutigen Apostel, die Bischöfe, als „Oberhirten", wie man sie vor wenigen Jahrzehnten noch ganz selbstverständlich nannte. Für die viele Arbeit sind die tatsächlichen Hirten da, die Priester – geweiht wie die Bischöfe, nur mit ein paar Kompetenzen weniger. Und als eine Art Hirtenjungen noch die Diakone. Und die Schafe, die den Hirten zu folgen haben. Und dort die Weide finden, zu der diese sie hinführen.

Das ist das Bild von Kirche, das Kardinal Meisner hatte. Ich hatte nie auch nur den geringsten Zweifel, dass der Kardinal immer aus tiefster Überzeugung alles in seiner Macht Stehende getan hat, um die so strukturierte „heilige Mutter Kirche“ zu fördern und zu schützen. So dass er üble Hirten, die es leider auch gab, als „Brüder im „Nebel“ verschwinden ließ. Ohne dass die Öffentlichkeit von ihnen erfuhr.

Zukunftsorientiert

Nicht alle Bereiche unserer Arbeit als Institut wurden so überwacht wie die Zeitschrift „Gottesdienst“. So blieben die Liturgische Bildung, „Liturgie im Fernkurs” und die zahlreichen pastoralliturgischen Hilfen und Kleinschriften unbehelligt. Da war es möglich, zukunftsorientierte Ideen umzusetzen. Ein schönes Beispiel ist die Fortentwicklung der so genannten „Bußgottesdienste“, die das Institut herausgab.

Neue Formen der Versöhnung

Seit den 1970er-Jahren bröckelte die Beichtpraxis. Das neue Liturgieverständnis, das den Aspekt der Gemeinschaft bei allen liturgischen Vollzügen stark betonte, fand auch im Blick auf Sündenvergebung und Versöhnung seinen Niederschlag. Es kamen Bußgottesdienste auf. Das neue Rituale „Die Feier der Buße“ trug dazu wesentlich bei. Gab es darin doch ein eigenes umfangreiches Kapitel dazu. Noch weiter geht das Buch mit dem Kapitel „Die gemeinschaftliche Feier der Versöhnung mit allgemeinem Sündenbekenntnis und Generalabsolution“.

Die Schweizerische Bischofskonferenz hatte sogar den Mut, diese Form nicht nur als Möglichkeit für Ausnahmefälle zuzulassen, sondern auch als reguläre Form in der Gemeindepastoral. So weit gingen ihre Kollegen in Deutschland nicht. Aber Bußgottesdienste wurden vielerorts eine beliebte Form, um in der Fastenzeit, im Advent und vor Allerheiligen/Allerseelen, also zu den traditionellen Zeiten für die Beichte vor der Kommunion, auch für weniger eifrige Gläubige, reinen Tisch zu machen. Sie ersetzten also de facto die traditionelle Beichte, auch wenn immer noch betont wurde, schwere Sünden müssten auf jeden Fall gebeichtet werden. Der Glaube an die Schwere aller Sünden im sechsten Gebot bröckelte auch.

Die konkreten Formen und die Texte der Bußgottesdienste waren sehr unterschiedlich. Das Liturgische Institut sah angesichts dieser Vielfalt eine Aufgabe darin, durch entsprechende Angebote sowohl inhaltlich wie auch sprachlich für einen gewissen Standard zu sorgen. Es gab rechtzeitig zu diesen Terminen jeweils eine Kombination von einer Handreichung mit dem Ablauf und allen Texten für die Hand der Vorbereitenden und der Dienste sowie einen „Bußzettel" oder „Gebetszettel" für die Hand der Mitfeiernden heraus. Dieser zeigte auf der Vorderseite ein Bild, die anderen Seiten enthielten eine „Gewissenserforschung" und ein Gebet. Das kam bei den Seelsorgern gut an. Die Bestellungen erreichten je nach Anlass Zahlen von mehreren tausend Handreichungen und hunderttausenden Zetteln.

Interessant war die inhaltliche Entwicklung. Während wir in den ersten Jahren bei der Gewissenserforschung mehr oder weniger den traditionellen Gewissensspiegel des „Gotteslob“ oder die Bereiche: mein Verhältnis zu Gott, zu meinen Mitmenschen, zu mir selbst zugrunde legten, wurden wir mit der Zeit freier. Heftige Proteste gab es sofort, als wir Sünden gegen das sechste Gebot nicht mehr ausführlich benannten, sondern unter dem Thema „Verantwortung“ in allgemeinerer Form subsumierten. Nur allmählich und schrittweise konnten wir unsere Linie allmählich durchsetzen.

„Gott, der barmherzige Vater“

„Gott, der barmherzige Vater, ...“ so beginnt die eigentliche Absolutionsformel bei der Feier der Versöhnung. Da mir persönlich das Thema von Sünde, Schuld, Vergebung und Versöhnung sehr am Herzen lag, war ich gerne bereit, Bußgottesdienste zu verfassen, die von diesem Bild her geprägt waren. Ich hatte immer den Umgang Jesu mit den Menschen vor Augen. Seine Begegnung mit dem Blinden: „Was willst du, was ich dir tun soll?“ – „Herr, dass ich sehe!“, mit dem Lahmen, den seine Freunde durch das Hausdach vor ihn hinunterlassen: „Deine Sünden sind dir vergeben. – Steh auf, nimm deine Tragbahre und geh nach Hause!“, mit der Sünderin, die mit ihren Tränen seine Füße wäscht, ... Das Gleichnis vom „verlorenen Sohn“. Der Herr schaut mich an, er sieht mich, wie ich bin. Es bedarf keiner großen Worte, damit er mich versteht. Eine allgemeine Bitte um Vergebung, ein fürbittendes Gebet des Vorsteherdienstes und aller füreinander – das sollte genügen.

Noch intensiver, so dachte ich, wäre es, wenn es auch die Möglichkeit gäbe, dass jedem Einzelnen, der dies wollte, ganz persönlich die heilenden Worte zugesprochen würden. Weil Bußgottesdienste immer öfter von Laien geleitet wurden, schlug ich vor, dass die Einzelnen vortreten könnten und sich die Leiterin oder der Leiter neben sie stellen, vielleicht ihnen sogar die Hand auf die Schulter legen und ein fürbittendes Gebet sprechen könnten wie das traditionelle: „Der allmächtige Gott erbarme sich deiner. Er verzeihe dir deine Sünden und führe dich zum ewigen Leben.“

Über einen eifrigen Weihbischof, der darin eine *simulatio sacramenti* erkannte – eine Vortäuschung eines Sakraments, ein nach Kirchenrecht schwerwiegendes Verbrechen – kam dieser Vorschlag an die römische Glaubenskongregation. Sie sorgte auf dem kleinen Dienstweg dafür, dass wir künftig auf diesen Vorschlag verzichteten. Dem Weihbischof schrieb ich allerdings einen Brief, in dem ich ihn daran erinnerte, dass schon in dem so genannten tridentinischen Ritus die Messdiener beim

Stufengebet genau dieses Gebet links und rechts neben dem Priester für ihn gebetet hatten, ohne dass jemand darin eine *simulatio sacramenti* gesehen hätte. Eine Antwort erhielt ich nicht. Als ich bei einer späteren Gelegenheit ihm eigentlich begegnet wäre, war er unmittelbar zuvor abgereist.

Heilung, nicht Demütigung

Wiederholt machte ich öffentlich einen zweiten Vorschlag. Bei der Begegnung Jesu mit Sündern ist es immer der Glaube, auf den hin die Vergebung geschieht. Der Glaube dessen, der Jesu Barmherzigkeit sucht, aber auch der Glaube derer, die ihn umgeben, die ihn wie den Gelähmten buchstäblich vor Jesus tragen. Und immer geschieht die Vergebung öffentlich. Da ist kein Beichtstuhl, der ein anonymes Flüstern möglich machen soll. Da steht der Mensch als Sünder da, aber das gereicht ihm nicht zur Schande – außer in den Augen des Pharisäers beim Gastmahl. Er wird so, wie er ist, zutiefst ernstgenommen und erfährt zugleich die erlösende Barmherzigkeit. Öffentlich. Was völlig fehlt, ist das, was im Bewusstsein der Gläubigen, bei den Worten „Beichte“, „Bußsakrament“ als erstes ins Bewusstsein kommt – das Bekenntnis einzelner Sünden.

Dem biblischen Bild entspräche eine Feier der Versöhnung, in der den einzelnen Teilnehmenden die Vergebung zugesprochen wird. Nach der Verkündigung des Wortes Gottes und einer Besinnung gehen sie zum Priester mit der Bitte um Vergebung. Das ist ein öffentliches Bekenntnis: Ja, ich bin ein sündiger Mensch, und ich bitte um Gottes Erbarmen. Aufgabe des Priesters, der an Christi Statt und in seinem Namen handelt, ist es nicht, nun Richter zu spielen über das genaue Was und Wie der Sünden, die der Gläubige mit sich trägt. Ihm kommt kraft seines Amtes die Aufgabe zu, ihm das Wort der Vergebung zuzusprechen. Gott allein weiß, was in dem Menschen ist; niemand anderer kann es wirklich wissen und hat darüber zu urteilen.

Wenn der Mensch den Wunsch hat, über seine Schuld zu sprechen, so ist das sein gutes Recht, und ihm ist dafür der Raum zu geben. Aber geistliche Begleitung ist etwas anderes und hat einen anderen Ort. Natürlich kann sie im Zusammenhang mit dem Sakrament der Versöhnung geschehen, und umgekehrt kann die Beichte ein sehr wichtiges Element dabei sein, aber das Sakrament als solches ist davon unabhängig.

Die Feier der Versöhnung hat nicht weniger als andere Sakramente einen engen Bezug zur Gemeinschaft der Kirche, da jede Sünde einen Schatten auf die Gemeinschaft der Heiligen wirft. Dem entspricht es, wenn in einer gut gestalteten Feier die

Versammelten ausdrücklich füreinander beten. Ganz sicher, wenn die Versammelten ihre Brüder und Schwestern hintreten sehen zum Sakrament. Da steigt ganz unwillkürlich im Herzen der Wunsch empor, Gott möge dem Menschen, der jetzt dort kniet, gnädig sein und ihm seinen Frieden schenken.

Eine Aufgabe für die Kirche

Mein Verständnis von Sünde, Umkehr, Vergebung hat einen Hintergrund. Ich hatte gute, liebevolle Eltern. Wenn man etwas ausgefressen hatte, stand man da, schämte sich, es gab klare Worte. Und die Blicke trafen sich und beiden Seiten war alles klar. Notlügen brauchten wir ebenso wenig wie lange Erklärungen und detaillierte Schuldbekenntnisse. Und keine umfangreichen Belehrungen und Ermahnungen. Auch keine Strafen um der Strafe willen. Es war alles wieder gut.

Wahrscheinlich sind solche Erfahrungen der Grund, warum ich selbst aus der überzogenen Beichtpraxis meiner Kindheit und Jugend schlussendlich heil herausgekommen bin. Und in der Spitalkirche in Innsbruck bei meiner neuen Lebensentscheidung den Frieden gefunden habe. Darum meine ich, hätte die Kirche noch viel gutzumachen, was sie an Menschen mit ihrer Moral, vor allem ihrer Sexualmoral, im Beichtstuhl gesündigt hat. Aber auf dem Weg zu dieser Erkenntnis ist sie im Zuge der Aufarbeitung von Missbrauch leider bis heute noch nicht weit genug gekommen.

Ernüchtert

Ubi episcopus ibi ecclesia – „Kirche ist da, wo der Bischof ist" ist beim Kirchenlehrer Cyprian von Karthago zu lesen. Oder auch: *nil sine episcopo* – „nichts ohne den Bischof". Für mich war dieses Prinzip immer wichtig. Vor allem, als es um meine berufliche Neuorientierung ging. Es war mir wichtig, im Frieden mit dem Bischof den neuen Weg zu gehen. Es gelang, weil mich mein Heimatbischof dabei mit Verständnis und Wohlwollen begleitete.

Das setzte sich in Trier fort mit den Bischöfen Bernhard Stein und Hermann Josef Spital. Und der Trierer Dom war, seit ich ihn zum ersten Mal betreten habe, „mein Dom". Er blieb es auch, als die Bischöfe wechselten. Zuerst kam Reinhard Marx, der dann Erzbischof von München und Kardinal wurde, dann Stephan Ackermann, der bis heute Bischof von Trier ist.

Viel ehrenamtliche Arbeit für nichts

Ich war bereits im Ruhestand. Der Anruf von Bischof Ackermann kam während einer Fahrt auf der Autobahn auf das Handy meiner Frau. Dass er diese Nummer ausfindig gemacht hatte, ließ darauf schließen, dass es ihm wichtig war, mich zu erreichen. Er wolle eine Diözesansynode veranstalten. Ob ich bereit wäre mitzuarbeiten. Als Rentner hätte ich ja Zeit. Ich sagte Ja und wurde von ihm in die Vorbereitungskommission berufen, dann als „Experte“ in die Synode selbst.

Auch zu der kleinen Gruppe, die es zur Vorbereitung der Gottesdienste gab, gehörte ich. Ein Vorschlag von mir, zu Beginn der Synode in der ersten Fastenzeit mit einem Bußgottesdienst unter dem Motto „Sind auch wir blind?“ im Dom und in allen Pfarrkirchen im ganzen Bistum eine Besinnung in Gang zu setzen auf das, was für die Menschen wichtig ist, fand dort allerdings keinen Gefallen. Ein späterer Vorschlag, einen „Aschermittwoch des offenen Doms“ zu gestalten, bei dem jede und jeder die Möglichkeit haben sollte, mündlich im Gespräch mit Bischof, Weihbischöfen und anderen Verantwortlichen von Dom und Generalvikariat einzeln oder in Gruppen oder schriftlich auf Schautafeln zu äußern, was ihnen auf dem Herzen liegt, auch Verletzungen zu benennen, und mit einem Tagesabschluss mit einem Gottesdienst, bei dem eine Frau den hohen Herren Asche auf das Haupt streuen sollte, wurde abgelehnt. Ebenso später die Idee, dass sich beim Abschlussgottesdienst der gesamten Synode die Diözesanleitung, das Domkapitel und die Synodalen unter die versammelten Gläubigen mischen sollten. Nein, für sie gab es die üblichen reservierten Plätze und ein triumphales Hochamt – wie gehabt.

Aber von Beginn an und immer wieder wurde betont, man müsse „die Menschen mitnehmen". Selbst von den Synodalen fühlten sich am Ende viele eher zurückgelassen als „mitgenommen."

Aus naheliegenden Gründen wurde ich bei der Synode zum Vorsitzenden der Sachkommission „Gebet und Gottesdienst" gewählt. Dort erarbeiteten wir auftragsgemäß zehn Empfehlungen samt Begründungen und ganz praktischen Vorschlägen zur Umsetzung, stellten diese vor und arbeiteten ein, was an Hinweisen dazu einging. Ab der Fünften Vollversammlung war dann im Plenum allerdings nur noch zweierlei wichtig: das Grundlagenpapier und neue Strukturen für das Bistum. Alles andere musste zurückstehen.

Wochen vor der Siebten und letzten Vollversammlung beantragte ich schriftlich und mündlich im Synodensekretariat, dass die Versammlung auch darüber abstimmen sollte, was mit den Empfehlungen jener Sachkommissionen – es waren die für die praktischen pastoralen Fragen und Anliegen, die die

Menschen unmittelbar betreffen – geschehen sollte. Die Vollversammlung befasste sich vor allem mit dem Grundlagenpapier, über das teils Satz für Satz, über Jota und Komma abgestimmt wurde. Die drei Tage verrannen. Zweimal wandte ich mich an die Moderation und erinnerte an meinen Antrag. Aufgerufen wurde er am dritten Tag um 21 Uhr – die Versammlung hätte um 17 Uhr schließen sollen. Ich erntete nur Gelächter – wen interessierte nach hunderten Abstimmungen das noch. Um das Thema zu erledigen, sollte der Bischof den Generalvikar in einem Schreiben beauftragen, die erarbeiteten Empfehlungen der Sachkommissionen im Internet zu veröffentlichen. Nachdem dies nach Wochen noch nicht geschehen war und ich schriftlich daran erinnert hatte, konnte man, sofern man genügend Geduld aufbrachte, die Texte im Internet finden. Dort ruhen sie immer noch – wahrscheinlich fast unberührt.

Im letzten Drittel der gesamten Synode hatten die meisten Synodalen buchstäblich nichts mehr zu sagen. Sie durften noch an den Abstimmungsgeräten die Knöpfe drücken zu Fragen, die nicht die ihren waren. Es war kein Wunder, dass das Ergebnis aus ganz unterschiedlichen Richtungen zu heftigen Protesten und Einsprüchen bis nach Rom führte. Es war nicht das, was die Gläubigen mit Recht erwarten durften.

Für mich persönlich war es viel ehrenamtliche Arbeit gewesen. Und eine Lehre, nie mehr im Leben etwas für das Bistum zu tun (die Kirche vor Ort ist nicht das Bistum).

Eine enttäuschte Erwartung

Ich habe bereits mehrfach angesprochen, wie dankbar ich immer war, dass sich mir nach der Laisierung die Chance geboten hat, weiter in der Kirche und für die Kirche zu arbeiten. Noch dazu auf dem Gebiet der Liturgie, wo die Kirche ganz Kirche ist. Liturgie als Werkzeug, durch das in der Welt weitergeht, was Jesus für seine Zeitgenossen war.

Aber mein Status war tabu. Es gab viele Gelegenheiten, in denen ich gerne davon gesprochen hätte. Auch weil sich darin das barmherzige Antlitz der Kirche zeigt. Es gibt noch einen weiteren Aspekt. In den Sakramenten nimmt die Kirche den Menschen als leib-seelisches Wesen ernst. Innere Wirklichkeiten finden in Symbolen ihren mit den Sinnen erfahrbaren Ausdruck. Wie bei Jesus Sündenvergebung und Heilung des Leibes und seiner Glieder eine einzige Handlung bilden. Das hätte ich mir für meine Situation immer gewünscht. Das Sakrament der Versöhnung, das in meinen jungen Jahren eine so große Rolle gespielt hatte, war dafür nicht geeignet. Wohl hatte ich vor der Hochzeit noch einmal gebeichtet. Aber schon das war nicht das, was ich gesucht hatte. Wonach ich mich sehnte: eine irgendwie öffentliche Anerkennung meines Weges. Vollzogen nicht von einem befreundeten Priester, sondern von einer unabhängigen kirchlichen Autorität, die deutlich aussprach: „Ja, der Weg, den du gegangen bist und gehst, ist gut."

Einmal gab es etwas, das für mich so etwas hätte werden können. In der Zeit der Trierer Bistumssynode wurden Personen, die in der Synode besonders engagiert waren, zur Fußwaschung eingeladen. In meiner Phantasie hatte ich mir vorgestellt, wie es wäre, wenn wir, die „Apostel", vielleicht ein paar Stunden vor der Feier vom Bischof zusammengerufen würden und jede und jeder vor den anderen davon sprechen könnte, was ihm ganz persönlich der Glaube bedeute. Auch der Bischof selbst. Es hätte etwas vom Abend Jesu mit seinen Jüngern gehabt.

Die Wirklichkeit war anders. Der Einladung gemäß kamen wir dreißig Minuten vor Beginn im Dom zusammen. Der Zeremoniar erklärte uns den Vorgang und exerzierte das Ganze mit uns durch. Dann durften wir im Gang zwischen Dom und Sakristei stehen. Jene, die beim Gottesdienst einen liturgischen Dienst versahen, huschten an uns vorbei. Auch der Bischof, freundlich nickend mit einem „Guten Abend!" Beim Einzug durften wir mitgehen. Alles lief nach Plan. Während der Fußwaschung hämmerte es in meinem Kopf: Wir sind

Requisiten der bischöflichen Liturgie. Nichts sonst. Bei der anschließenden Agape hatte ich den Eindruck: Ich war nicht der einzige Enttäuschte. Smaltalk, unverbindliches Geplauder bei einem Glas Wein.

Austreten!

Der Anlass hätte nicht weniger passend sein können. Beim Empfang anlässlich des Jubiläums „75 Jahre Deutsches Liturgisches Institut“ bot sich mir die Gelegenheit, wieder einmal mit meinem Bischof ein paar freundliche Worte zu wechseln. So ging ich auf ihn zu. Weil ich schon mehrfach, wenn ich ihm geschrieben hatte, keine Antwort bekommen hatte, konnte ich mir die Bemerkung nicht verkneifen, dass man sich als einfacher Katholik freuen würde, wenn man auch einmal eine Antwort bekäme. Die Reaktion war heftig: „Was soll ich schon schreiben, wenn ich beschimpft und angegriffen werde?!“ Beschimpft und angegriffen hatte ich nach meinem eigenen Empfinden meinen Bischof nicht. Wohl aber an Fakten erinnert. Allerdings klar und unverblümt.

Dann kam noch ein Punkt, den ich loswerden wollte: die Praxis der Kongregation für die Glaubenslehre, überführten Missbrauchstätern, die vom weltlichen Gericht wegen Verjährung nicht mehr erreichbar waren, zu raten, um Laisierung anzusuchen. Um ihnen und sich selbst einen Prozess zu ersparen.

Damit stehe ich als laisierter Priester mit diesen Verbrechern kirchenrechtlich auf der gleichen Ebene. Das sei für mich verletzend, sagte ich. Der Bischof meinte, er verstehe das und er könnte ja bei seinem nächsten Besuch bei der Glaubenskongregation das Thema ansprechen. Ich hielt dagegen, dort würde dann der Präfekt das wahrscheinlich zur Kenntnis nehmen und auch „verstehen" und das wär's dann wohl.

Es war das Wort „verstehen", das dann schlagartig zu einer Eskalation führte. „Ich verstehe ..." sagte der Bischof, und ich fiel ihm ins Wort: „Nein, Sie verstehen nicht!" „Ich verstehe ..." wiederholte er, und ich wieder: „Nein, Sie verstehen nicht!" Und so ein drittes und ein viertes Mal. Dann drehte sich der Bischof um und ging weg. In meinem Innern hörte ich ein Klirren, wie wenn eine wertvolle Vase aus Glas auf dem Fliesenboden zersplittert. Ich spürte: Etwas ist in mir zerbrochen. In mir schrie eine Stimme: Austreten! Austreten! Zugleich wusste ich: Nein, das kann und will ich nicht. Denn es ist auch meine Kirche. Wohl aber: Ich habe keinen Bischof mehr! Ich brauche keinen Bischof mehr.

Es war viel, was mir in wenigen Sekunden durch den Kopf raste. Warum mich das „Ich verstehe" so aufregte: Als Repräsentant der Kirche stand der Bischof in diesem Augenblick für die Institution vor mir, die mich verletzt. Mit dem Wort „Ich verstehe" stellte er sich praktisch auf meine Seite. Damit raubte er mir den Adressaten meiner Klage. Es war ja keine Anklage gegen seine Person. Es war eine Klage gegenüber der Institution, als deren Vertreter er sie entgegennehmen sollte. Nach dem „Ich verstehe" ging sie nur noch ins Leere.

Mir wurde in diesem Augenblick auch klar, warum die Vereinigung von Missbrauch Betroffener „Missbit" keinen positiven Zugang zum langjährigen Missbrauchsbeauftragten der Bischofskonferenz gefunden hat. „Ich verstehe" – dieses Wort aus dem Munde dessen, der die Institution vertritt, verletzt zutiefst. Es ist übergriffig. Hören, hören, hören, sich persönlich treffen lassen von der Klage ist das, was dieser Situation entspricht.

Ich spürte: Dieser Mann wird mir nie mehr in diesem Leben auch nur einen Blick schenken.

Ich brauchte viele lange Sekunden, bis ich mich aus meiner Starre lösen und den Raum verlassen konnte. Dabei kam ich an dem Grüppchen vorbei, mit dem der Bischof sich jetzt im Gespräch befand und erkennbar bewusst den Blick zu mir vermied.

Wochen und Monate lang verfolgte mich die Szene, und ich musste immer wieder erzählen, dass mich mein Bischof in diesem Leben wohl nie mehr anblicken werde. Bis heute spüre ich bei jeder Messfeier im Hochgebet bei der Fürbitte für den Bischof einen Stich. Aber ich habe inzwischen hingefunden zu der Einstellung: Ja, er braucht unser, auch mein Gebet tatsächlich angesichts der Herausforderungen und der Verantwortung, die mit seinem Amt verbunden sind.

Vielleicht gibt es trotz allem irgendwann ein Happyend. Als wir ein halbes Jahr später, wie früher oft an Sonntagen, in denen in unserer Gemeinde keine Eucharistiefeier stattfindet, zum ersten Mal wieder in den Dom gingen, war zufällig der Bischof Hauptzelebrant. Beim Auszug kam er an uns vorbei. Ich bin nicht sicher, ob der kurze freundliche Blick in unsere Richtung mir galt oder jemand anderem. Ich würde mich freuen, wenn ich es war.

Der Umgang mit Verletzungen

Die Repräsentanten der Kirche sollen hören, hören, hören. Sich treffen lassen von den Klagen. Ein Beispiel, wie das geht – oder eben nicht – sind zwei Fernsehsendungen, in deren Mittelpunkt Opfer von Missbrauch standen.

Die erste im ORF: Doris Reisinger im Gespräch mit Kardinal Schönborn. Schon der Raum, in dem das Gespräch stattfindet und aufgezeichnet wird, lenkt auf das, worum es geht: leicht abgedunkelt, als Hintergrund leere Bücherregale, die ahnen lassen: Hier werden keine alten und neuen Wahrheiten dargeboten. Es gilt nur, was hier gesprochen wird. Die

Personen sitzen sich auf Augenhöhe gegenüber. Die Frau berichtet, der Kardinal hört zu. Sie gibt den Blick frei auf das, was ihr widerfahren ist. Freimütig, doch ohne Aggression. Es ist erkennbar, dass es für sie gut ist, das alles ihrem Gegenüber und denen, die am Fernsehen das Gespräch verfolgen, einmal sagen zu können. Der Kardinal einfach hörend, sichtlich betroffen und bewegt, ohne jeden Versuch, irgendetwas zu erklären oder zu entschuldigen. Eine Sternstunde in Sachen Aufarbeitung!

Die zweite Sendung im Bayerischen Dritten Programm. Der Bischof von Augsburg empfängt in seiner Residenz zwei Menschen, denen ihre materielle Armut ebenso anzusehen ist, wie ihnen ihr schweres Schicksal ins Gesicht geschrieben ist. Die Frau erschrickt, als sie das Brustkreuz des Bischofs sieht. Sie lässt erkennen, dass dieser Anblick für sie schwer zu ertragen ist. Wer weiß, welche Erinnerungen sich für sie mit diesem Zeichen verbinden. Anstatt es abzunehmen erklärt der Bischof ihr, dass er eben Bischof ist und sie als solcher zum Gespräch empfängt. Nach diesem holperigen Start dürfen die Beiden äußern, was sie bewegt. Sie haben, wie schon der Blick auf ihre Kleidung zeigt, Probleme, über die Runden zu kommen. Vor allem aber: sie bräuchten Therapiestunden – mehr als sie sich leisten können und bisher für sie finanziert wurden. Darauf geht der Bischof ein mit der Zusicherung, er werde prüfen lassen, was da getan werden kann. Der

Bischof eines alten westdeutschen Bistums kann aus der Portokasse des Bischöflichen Stuhles mehr Therapiestunden bezahlen, als diese beiden Missbrauchsopfer in ihrem Leben brauchen werden. Und dann kommen, bevor die Sendung etwas unvermittelt endet, von ihm noch Sätze im Sinne von: Er wolle für sie gleichsam ein Stellvertreter Jesu sein, damit sie seine – Jesu – Liebe erfahren. Allerdings hat Jesus sein Kreuz schwer auf seiner Schulter getragen. An dieses Bild erinnern die beiden Menschen in ihrem Elend mehr als das edelsteinbewehrte Brustkreuz an der silbernen oder goldenen Kette vor der Brust des Bischofs. Die Last, die sie zu tragen haben, ist sichtbar schwer. Eine Inszenierung, die das Gegenteil von dem gezeigt hat, was geplant war.

Es sind nicht wenige Menschen, die der Kirche den Rücken kehren, weil sie enttäuscht sind, wie vielen Menschen, die dem Missbrauch ausgesetzt waren, bisher noch nicht oder zu wenig geholfen wurde. Unter denen, die gehen, sind viele, die der Kirche eng verbunden waren.

Den Dom verloren

Mit dem Bischof habe ich auch den Dom verloren. Mehr als zwanzig Jahre hatte ich von meinem Schreibtisch aus einen direkten Blick auf den wenige hundert Meter entfernten Dom. Er hat mich oft bei der Arbeit inspiriert, weil er sehr viel Ähnlichkeit mit der Liturgie hat. Seine Mauern und seine Einrichtung erzählen von 1600 Jahren Geschichte. Da sind noch Teile aus der Zeit des Kaisers Konstantin. Da finden sich Reste von zerstörten Bauteilen, da haben Fürstbischöfe geprotzt und Macht demonstriert. Da gibt es den Heiligen Rock, die Reliquie der Tunika Christi, die Generationen von Pilgern nach Trier gezogen hat. Es gibt Zeugen ganz unterschiedlicher Frömmigkeit und Bilder, die erst vor wenigen Jahrzehnten gemalt wurden. Ein wunderbares Beispiel von dem, was Kirche ist. Und ihre Liturgie.

In ihr haben wir Elemente, die bis ins 1. Jahrhundert zurückgehen, ja, in den Schriften des Alten Testaments noch sehr viel weiter. Gebete aus ganz unterschiedlichen Zeiten, in denen Menschen ihre Hoffnungen und ihre Bitten, ihren Dank und ihr Lob zum Ausdruck gebracht haben, Riten und Formen, durch die sichtbar wurde, wofür Worte fehlen. Ich habe diesen Dom geliebt seit jenem 1. Mai, als ich ihn zum ersten Mal, voll von singenden und betenden Menschen, erlebt habe. Ich habe darin bei vielen Anlässen den Gottesdienst mitgefeiert. Mit dem Bischof habe ich diese Heimat verloren.

<*Ergänzung: Am 6. November 2023 fand der Konflikt mit Bischof Ackermannin einem in aller*

Offenheit geführten Gespräch das S. 108 genannte Happyend.>

Schwarzbrot – unauffällig, kräftig und nahrhaft

Zum Glück gibt es einen anderen Ort, an dem ich, wenn inzwischen jeden zweiten Sonntag in unserer eigenen Gemeinde mangels Personals die Kirche kalt bleibt, mich gerne in die Schar der Teilnehmenden einreihe. Die alte Abtei St. Matthias, von den Trierern liebevoll Mattheis genannt, geht in ihrem Ursprung ungefähr in die gleiche Zeit zurück wie der Dom. Sie beherbergt seit der Zeit, als dort die Verehrung des Heiligen Rocks begann, die Gebeine des einzigen nördlich der Alpen bestatteten Apostels. Also nicht weniger alt-ehrwürdig und doch ganz anders.

Hier leben Mönche, Benediktiner. Ich war von Kind auf in einer ignatianisch geprägten Spiritualität aufgewachsen und habe erst später Benediktiner und ihre Frömmigkeit kennengelernt. Zuerst in der Propstei St. Gerold in Vorarlberg, einer Niederlassung der großen Abtei Maria Einsiedeln in der Schweiz, dann im Rahmen der internationalen Zusammenarbeit durch den Kontakt mit dem Abt von Einsiedeln, der den Vorsitz der Liturgischen Kommission der Schweiz innehat, und durch den Sekretär der Österreichischen Liturgischen Kommission, einen Mönch der Erzabtei St. Peter in Salzburg, wo das Österreichische Liturgische Institut angesiedelt ist. Und seit einigen Jahren als Mitglied der Redaktion der Gebetszeitschrift „Te Deum," die geprägt ist vom Geist dieses Ordens. Und seines Gründers.

In der Mattheiser Basilika war ich schon öfters zur Sonntagseucharistie gewesen, wenn ich in der eigenen Gemeinde den Zelebranten nicht mehr ertrug. Nicht umsonst wurden zwei von den sechs Pfarrern, die wir in 40 Jahren hatten, später aus dem Verkehr gezogen. Im Vergleich zum Dom, wo die Gestaltung, die personelle Ausstattung und der Chorgesang eher einem Festmahl gleicht, ist der Gottesdienst in Mattheis eher Schwarzbrot. Unauffällig, kräftig und nahrhaft.

Mir hat sich da, über die Jahre hinweg, mehr und mehr erschlossen, was das Wort *officium* bedeutet. Im Wörterbuch steht dafür Dienst, Verrichtung, Tätigkeit, Aufgabe. Es steht für die Tagzeitenliturgie, zu der sich die Mönche täglich zu bestimmten Zeiten versammeln. Ganz selbstverständlich, ohne besonderes Trara. „Das, was zu tun ist" – ist mir irgendwann als Bezeichnung eingefallen. So erlebe ich den Gottesdienst dort. Wohltuend. Ein Geschehen, das einfach und selbstverständlich zum Leben gehört. Getragen von den Mönchen. Offen für jede und jeden, die sich darin einfinden. Mehr braucht es nicht. Was dann im einzelnen Menschen geschieht, fällt nicht auf. Wohl aber ist zu sehen: Die da sind,

sind gerne da. Offensichtlich ist es ihnen wert, herzukommen.

Oft sind auch Pilger da, die zum Teil zu Fuß tagelang unterwegs sind. Zeugen eines Glaubens und Vertrauens in Gottes Dasein und Hilfe. Da fühle ich mich unter Gleichgesinnten. Als Bruder unter Brüdern und Schwestern. Auch passend zu den späten Jahren des Lebens.

Priester heute

Wertschätzung verdienen heute all die Priester, die damit leben müssen, dass ihr gesamter Stand im Verdacht steht, weil nicht wenige aus ihrem Kreis versagt haben. „Was denken die Leute von mir?" Die Frage stellt sich wie von selbst für viele von ihnen, wenn sie vor der Gemeinde stehen. Kein schöner Gedanke, erst recht nicht, wenn man dasteht und Gottes frohe Botschaft verkünden will.

Ich bin im Laufe der Jahre vielen Hunderten von ihnen begegnet – unmittelbar etwa bei Tagungen, in Gesprächen, am Telefon und schriftlich – und viele Tausende haben „Gottesdienst" gelesen. Ich habe bei vielen gedacht: Glücklich die Menschen, die einen solchen Seelsorger haben! Ich habe auch solche gesehen, für die ihr Beruf mehr Last als Freude war. Und ich weiß um welche, die ihre Sehnsucht nach menschlicher Nähe ausgelebt haben in heimlichen oder halböffentlichen Beziehungen – einschließlich oder ausschließlich auch sexuell. Ihnen hätte ich von Herzen gewünscht, dass sie die Möglichkeit gehabt hätten, das eine mit dem anderen zu verbinden. Oft hätte ich gerne von mir erzählt, von meinem Weg und meinem Glück, dass ich trotz meiner Neuorientierung weiter für das leben und arbeiten konnte, was ich von Kind auf als meine Berufung erfahren hatte. Aber das Thema war tabu, und vor allem: Was hätte es gebracht? Denn das Kirchenrecht stand und steht bis heute dagegen. Ich war und bin ein „Fall", den es so eigentlich nicht geben durfte. Der nur möglich war, weil Verantwortungsträger gegen erbarmungsloses „Recht" und gegen den Willen vieler seiner Vertreter entschieden und gehandelt haben.

Ich bleibe

Ich habe meinen Platz gefunden in der Kirche. Im Gottesdienst auf der Empore nahe dem Spieltisch der Orgel, mit der meine Frau den Gemeindegesang führt. Nicht mehr in der letzten Bank wie einst in der Spitalkirche, aber auch nicht vorne. Mit freiem Blick zum Altar, zum großen Kreuz darüber und zu einem österlichen Bild, das in Gelb, Orange und Rot einen Blick in den Auferstehungsmorgen gewährt.

Nahe den paar älteren Männern, die wie ich meist eine Viertelstunde vor Beginn des Gottesdienstes dasitzen. Was mag ihnen durch den Kopf gehen? Wohl auch, wie mir, ihr Leben. Was sich darin aktuell ereignet, was früher war, die Menschen, mit denen man zusammen war, deren Liebe man erfahren hat, die einen geprägt haben, ... Auch die schmerzlichen Erfahrungen, Krankheiten und Leiden, am eigenen Leib oder von geliebten Menschen, Verluste durch Tod, ... Vielleicht auch Scheitern, Niederlagen, Dinge, die man schuldig geblieben ist, ...

Mir fehlte in Coronazeiten, als die Empore für diese Männer gesperrt war, ihre Gegenwart sehr. Denn Glauben geht ohne Gemeinschaft schwer. Auch wenn man untereinander nicht darüber spricht, es ist das Wissen, nicht allein zu sein mit dem eigenen Beten und Hoffen. Oft gehen meine Gedanken dabei an jene, die das Bild nicht mehr ertragen, das die Kirche in der Öffentlichkeit allzu oft bietet. Sie haben die Heimat verloren. Und wenn es auch oft heißt, glauben könne man auch ohne Kirche – auf lange Sicht wird das ganz sicher immer schwieriger. Wenn wir uns – als Glaubende – gegenseitig aus den Augen verlieren, gerät auch der, um den es im Glauben geht, aus dem Blick.

Aus Dankbarkeit

Ich bleibe. Aus Dankbarkeit. Für das, was diese katholische Kirche mir seit Kindestagen vermittelt hat. Die biblischen Geschichten in ihrer Vielfalt, in denen sich menschliches Leben verdichtet hat und die Auseinandersetzung zwischen Gut und Böse, Sieg und Niederlage mich verstehen ließ, dass nicht immer der Stärkere der wirkliche Sieger ist. Dass Schuld auch der Anstoß für etwas Gutes sein kann. Dass Respekt und Achtung gegenüber dem Schwachen, an den Rand Geschobenen, ja Verachteten, Wunder wirken kann. Dass Vergebung möglich ist und Versöhnung neue Kräfte freisetzt. Dass Stille tiefere Erfahrungen auslösen kann als Lärm. Dass nach Niederlagen ein neuer Anfang möglich ist.

Nicht nur Geschichten aus der Bibel, ebenso oder noch mehr hat mir die Kirche, mein Leben als ihr Glied, Begegnungen geschenkt mit Menschen, die ich sonst nie getroffen hätte. Nicht nur meine

Ehefrau und eine ganze Reihe der engsten Freunde. Auch Begegnungen, bei denen im Wissen um die Zugehörigkeit zur Kirche ein gewisses Grundvertrauen Vieles leichter machte.

Ein **Magnificat** *und* **ein Nunc dimittis** *meines Lebens*

Seit Langem habe ich mir immer wieder einmal die Frage gestellt, was, wenn mein Weg auf dieser Welt zu Ende ist, mit meinem Primizkelch zusammen mit der dazu gehörenden Hostienschale geschehen soll. Der Kelch ist ein besonderes Stück. Er wurden entworfen und angefertigt von dem Schweizer Sakralkünstler und Juwelier Meinrad Burch. Es gäbe Interessenten an ihm als Ausstellungsstück. Aber das entspricht nicht dem, wofür er einst geschaffen wurden.

An einem Abend mit unserem befreundeten Pastor kam ich darauf, dass ich nicht wüsste, wohin ich den Kelch geben sollte. Zuvor hatte ich von den Stunden meiner Entscheidung bei der werktäglichen Abendmesse in der Spitalskirche in Innsbruck erzählt. Spontan sagte unser Freund: „Dort, in die Spitalskirche, dort gehört er hin!" Ja, das war's!

Über einen alten Freund war der Kontakt zum Rektor dieser Kirche schnell hergestellt. Er war ganz berührt von meiner Bitte, den Kelch und die

Schale der Spitalskirche zu schenken. Am Ostermontagabend, am Tag, an dem das Evangelium von den Emmausjüngern gelesen wird, kamen wir zu sechst zusammen: der Rektor der Spitalskirche, der Dompfarrer, zu dessen Bereich die Kirche gehört, zwei Priesterfreunde aus alten Tagen, meine Frau und ich. Ich konnte den Kelch übergeben. Das hatte etwas Sakramentales. Damit ein Geschenk als Symbol zu seinem Ziel kommt, bedarf es nicht nur der guten Absicht des Schenkenden, sondern auch des Erkennens und der Annahme durch den, der es entgegennimmt. Und das kam in den Worten und in der Atmosphäre des Abends überwältigend zum Ausdruck.

Es ist meine priesterliche Existenz, die ich in Kelch und Schale dorthin brachte, wo ich einst das priesterliche Amt gelassen hatte. Und sie wurde angenommen. Es war eine Stunde des *Magnificat* und des *Nunc dimittis* meines Lebens. Des „Meine Seele preist die Größe des Herrn, und mein Geist jubelt über Gott, meinen Retter..." – das Maria gesungen hat. Und des „Nun lässt du, Herr, deinen Knecht, wie du gesagt hast, in Frieden scheiden. Denn meine Augen haben das Heil gesehen..." aus dem Mund des greisen Simeon im Tempel.

Die Emmausjünger kehrten noch am gleichen Abend nach Jerusalem zurück zu den anderen Jüngern und berichteten, was sie erlebt hatten. Ich musste in den fünfzig Tagen der Osterzeit niederschreiben, was meine Augen gesehen haben.

Ich bleibe.

Nachwort

Ich bleibe in dieser Kirche, weil sie auch meine Kirche ist. Mit allen ihren Fehlern, mit dem Versagen Einzelner und des Systems selbst. Von ihr zu sprechen geht nicht ohne Klage, aber ohne darin zu versinken.

Das Buch ist vor allem drei Personen gewidmet: meiner Frau Lisbeth, die all die Wege, seit wir uns kennen, mitgegangen ist und viele eigene Interessen und Möglichkeiten für das Leben mit mir hintangestellt hat.

Unsrem Freund und Pastor Bernhard Bollig, der die geniale Idee hatte, dass Hostienschale und Kelch, die ich zur Primiz geschenkt bekommen hatte, ihren Platz in der Spitalskirche vom Heiligen Geist in Innsbruck finden sollten.

Msgr. Mag. Jakob Bürgler, dem Bischofsvikar für missionarische Pastoral und Rector ecclesiae der Spitalskirche vom Heiligen Geist in Innsbruck, der im Geschenk von Hostienschale und Kelch an diese Kirche die Symbolik erkannt und gewürdigt hat.

Eduard Nagel, Jahrgang 1942, studierte ab 1961 in Innsbruck katholische Theologie. Nach der Priesterweihe 1966 war er Religionslehrer, Schul- und Gemeindeseelsorger, ab 1972 Universitätsassistent am Institut für Liturgiewissenschaft an der Universität Innsbruck. 1973 bat er um Laisierung und heiratete. Ab 1978 Referent für liturgische Sachfragen im Liturgischen Institut Trier, u. a. Leiter der Übersetzerkommission für liturgische Texte und Dokumente im deutschen Sprachgebiet und Vorsitzender der„Studienkommission für die Messliturgie und das Messbuch“ seit 1984 zusätzlich Chefredakteur der Zeitschrift „Gottesdienst“ und Mitbegründer der Zeitschrift „praxis gottesdienst“ und deren Chefredakteur bis 2013. Autor zahlreicher pastoralliturgischer Hilfen und Kleinschriften.